상가권리금 받는 법과
상권분석

상가권리금
받는 법과
상권분석

매일경제신문사

　지금까지 음성적으로 거래되던 권리금이 상가건물임대차보호법의 개정으로 양성화되어 이제는 수면위로 떠오르게 되었다. 권리금이란 상가건물의 임차인이 영업을 하기위해 설치한 시설이나 비품 또는 영업상의 노하우 등을 양도하는 대가로, 보증금과는 별개로 지급받는 금전 등을 말한다.

　권리금은 동전의 양면과 같이 임대인에게는 달갑지않은 존재이며 임차인에게는 재빨리 챙겨서 호주머니에 넣고싶은 존재이다. 왜냐하면 임대인은 자기건물에서 영업을 하는 임차인이 보증금이나 차임과는 별도로 후임 임차인에게서 권리금을 챙겨나가는 것이 못마땅할 수가 있다. 반면에 임차인은 임대차기간이 종료되었다고 임대인으로부터 건물을 비워달라고 하면 쫓겨나야 되는 처지가 되므로 이러한 제재를 받기전에 챙겨야 하기 때문이다.

　필자는 수많은 계약서를 쓰면서 권리금에 얽힌 웃지못할 사연을 경험하였다. 지금까지 권리금 계약은 임대인이 모르게 임차인끼리 권리금 양도양수계약서를 쓰고 권리금을 주고받는 것이 일반적이었다. 하지만 이제는 임대인은 임차인이 후임 임차인으로부터 권리금을 받는 것을 금지할 수가 없으므로 임차인은 떳떳하게 권리금을 받을 수 있게 되었다.

그럼에도 불구하고 임대인 입장에서는 임차인이 과도하게 권리금을 챙기는 것을 달갑지않게 생각하며 할 수만 있으면 권리금을 깨려고 할 것이다. 반면에 임차인은 권리금이 양성화되었다고 하여도 이를 받게될 때까지는 불안하며 또한 권리금을 챙길 수만 있다면 많이 받으려고 할 것이다.

이러한 갈등양상은 상가건물임대차보호법이 개정된 이후에도 가라앉지 않고 있다. 이는 보증금과 월세를 환산한 일정금액 이상의 임대차 계약에는 개정된 상가건물임대차보호법이 제한적으로 적용되는 점과 건물을 철거하거나 재건축을 할 때는 임차인이 권리금을 보장받을 수 없는 점, 영업기간의 계약갱신이 최대 5년까지만 보장되는 점 등의 허점이 있기 때문이다.

이러한 허점은 임차인에게 치명적인 약점으로 작용하며 분쟁의 원인이 되고 있다. 어떻게든 임차인은 권리금을 챙기려 하지만 이것도 쉽지않는 것이 현실이다. 왜냐하면 권리금은 주로 점포의 입지조건 등이 뛰어나 재산적 가치가 있는 경우에 그 점포를 인수하려는 사람이 먼저 영업을 했던 사람에게 지급하는 일종의 프리미엄이라고 보아야 한다.

따라서 점포의 입지조건이 열악하거나 상권이 쇠퇴하는 경우에는 아무리 양도인이 권리금을 받고 싶어도 받을 수 없다. 누가 장사도 안되는 곳에 권리금을 주고 상가를 인수하려고 할 것인가? 권리금은 고사하고 임차인이 가게를 접고자 해도 이를 인수하는 사람도 없을 것이다.

결국 권리금을 잘 받기 위해서는 상권이 좋은 곳에 입점하여 영업해야 한다. 사업을 하는 목적도 장사를 잘하여 돈을 벌려고 하는 것이다. 그렇다면 사업장소를 선정할 때에 장사가 잘되는 곳 즉 상권이 좋은 곳에 입지해야 장사도 잘되고 나중에 권리금도 챙길 수 있다.

여기서 말하는 입지란 상점이나 공장 등이 위치하고 있는 장소를 말하며, 입지선정이란 입지주체가 추구하는 입지조건을 갖춘 장소를 발견하는 것 또는 주어진 부동산에 관한 적정한 용도를 결정하는 것을 말한다.

토지는 용도가 다양하므로 용도별로 다양하게 입지를 선정할 수 있고, 또 한 가지 용도라 하더라도 목적에 따라 여러 가지 입지가 가능하다. 도시 부동산의 경우에는 입지선정에 따라 토지의 이용가치가 달라진다. 특히 상업지의 입지선정은 상가점포의 고객확보와 더불어 기업의 매출액에도 직결되므로 신중을 기하여야 한다.

상업입지에 있어서 보다 좋은 입지를 선정하려면 그만큼 높은 임대료를 부담하여야 한다. 아울러 상권이 좋은 곳에 있는 점포를 인수하려면 임대료 이외에 기존의 임차인에게 권리금을 주어야 하는 경우가 대부분이다.

이와같이 높은 임대료와 권리금을 주고 점포를 인수한 후에는 또 다시 점포를 인테리어하고 사업에 필요한 장비를 구입해야 한다. 따라서 상권분석을 잘못하고 입지를 잘못할 경우에는 커다란 손실을 입게된다.

그러므로 사업에 성공하기 위해서는 입지선정을 잘해야 하며 이를 위해서는 상권을 조사하고 상권분석을 해야 한다. 사업자의 입장에서 보면, 특정 지역에 입지하기 위한 상권분석은 사업의 성공과 실패를 좌우하는 요인이 된다.

이러한 상권분석은 영업의 손익분기점을 분석하기 위해서 상가의 판매 예상량을 추정하기 위한 목적으로 행해진다. 상권분석을 통해서 배후세력인 유동인구의 양과 질을 파악하고, 상가에 유입되는 잠재수요와 판매량을 예상할 수 있다.

아울러 상권분석은 배후세력인 잠재적 고객에게 창업을 알리고 이들을 유인하기 위한 마케팅 전략을 세우기 위한 목적으로 행해진다. 배후세력에는 다양한 고객이 있으며 이들에게 알맞는 영업전략을 세워야 창업 초기부터 사업은 성공대로를 걸어갈 것이다.

본서는 상가건물을 임대놓는 임대인이나 상가건물에 세들어 사는 임차인에게 꼭 필요한 권리금의 개념을 정리하고, 권리금의 형성요인을 알기쉽게 기술하였다. 이와함께 권리금의 법적성질과 다양하게 존재하는 권리금의 유형에 대해서도 설명하였다.

또한 현행 상가건물임대차보호법에서 규정하고 있는 임차권의 주요내용과 임차인의 권리금 회수기회 보호를 위한 제도를 소개하였다. 아울러 임차인이 임대인과 갈등없이 합법적이고 합리적으로 권리금을 잘 받는 방법을 제시하였다.

이 책은 상가건물의 임대인이나 임차인 모두에게 임대차계약이나 권리금에 대한 대응방안을 제시할 것이다. 특히 권리금에 대해서 갈등이 있거나 또는 갈등없이 권리금을 받고자 하는 임차인에게 도움이 될 것이다. 아울러 이 땅의 수많은 자영업자와 예비 창업자에게도 입지선정이나 상권분석에 대한 유익한 정보가 될 것이다.

끝으로 이 책이 나오기까지 묵묵히 지켜봐준 아내와 물심양면으로 도와주신 모든 분들에게 진심으로 감사의 마음을 전한다.

2016년 10월

김 종 국

CONTENTS

PART
01
권리금! 챙기면 대박이고 못챙기면 쪽박

1. 식당하고 권리금도 두둑이 챙기다 _ 14
2. 도랑치고 가재잡다 _ 18
3. 주었던 권리금도 못받고 쫓겨나다 _ 24
4. 북적이던 당구장이 파리 날리다 _ 28
5. 본전 받고 슈퍼마켓을 넘기다 _ 35

PART
02
권리금의 개념

1. 권리금이란 무엇인가 _ 42
2. 권리금의 형성요인 _ 44
3. 권리금과 구별되는 개념 _ 51
4. 권리금계약의 내용 _ 55
5. 권리금계약의 법적성질 _ 59

PART
03
권리금의 유형

1. 권리금 유형의 다양성 _ 64
2. 상권권리금 _ 65
3. 영업권리금 _ 68
4. 시설권리금 _ 71
5. 바닥권리금 _ 74
6. 허가권리금 _ 76
7. 임차권보장권리금 _ 78
8. 복합적 권리금 _ 79

PART 04 상가건물임대차보호법상의 권리금

1. 상가건물임대차보호법의 목적 _ 82
2. 상가건물임대차보호법의 적용범위 _ 84
3. 권리금의 정의 _ 89
4. 권리금 회수기회의 보호 _ 91
5. 권리금 적용의 제외사항 _ 96

PART 05 상가건물임대차보호법상의 임차권

1. 임차인의 대항력 _ 100
2. 임차인의 우선변제권 _ 103
3. 임차인의 최우선변제권 _ 108
4. 임차권등기명령제도 _ 112
5. 그 밖의 주요내용 _ 115

PART 06 입지요인과 입지선정

1. 입지선정의 의의 _ 122
2. 상업지의 입지요인 _ 138
3. 상권의 유형과 특징 _ 147
4. 상권결정의 요소 _ 154
5. 입지선정의 전략 _ 163

CONTENTS

PART 07 상권조사와 상권분석

1. 상권조사의 내용 _ 172
2. 상권조사의 방법 _ 179
3. 상권분석의 목적 _ 186
4. 상권분석의 기법 _ 188

PART 08 상가권리금 잘 받는 방법

1. 계약서와 영수증을 잘 챙겨라 _ 198
2. 평소에도 점포 안을 손님들로 가득 채워라 _ 203
3. 종업원을 내 편에 서게하라 _ 210
4. 브랜드 이미지를 활용하라 _ 215
5. 홍보대사를 적극 활용하라 _ 219

PART 09 장사의 신이 되는 비결

1. 영업이력을 적극적으로 홍보하라 _ 224
2. 경쟁점포와 차별화전략을 펼쳐라 _ 228
3. 트렌드에 맞는 식당메뉴로 승부하라 _ 234
4. 즐겁게 일하며 고객도 즐겁게 하라 _ 238
5. 먼저 씨뿌리고 후에 추수해라 _ 243

부 록

1. 상가건물임대차보호법 _ 250
2. 상가건물임대차보호법 시행령 _ 266

권리금!
챙기면 대박이고
못챙기면 쪽박

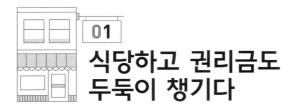

01 식당하고 권리금도 두둑이 챙기다

　어릴 때부터 남달리 요리하는 것을 좋아했던 이사장은 강남에 대형음식점을 갖는 것이 꿈이었다. 그러나 자금이 만만치않아 엄두를 내지 못하고 서울의 변두리에 조그마한 식당을 하는 것으로 만족해야 했다.

　하지만 강남으로 진출하고자 하는 열정은 식지않아서 알뜰히 돈을 모으고 저축하였다. 지금은 비록 적은 돈이지만 이 돈을 종잣돈으로 삼아서 반드시 강남에 대형음식점을 내리라는 꿈을 갖고 더욱 열심히 돈을 모았다.

　그러다가 우연히 창동 역세권에 있는 2층 가게가 매물로 나왔다는 소식을 듣고는 그 가게를 보러 갔다. 가게면적은 약 50평 정도 되었고 창동역에서 도보 3분 거리에 있는 점포였는데, 점포주의 개인사정으로 급히 처분하고자 하는 가게였다.

　이사장은 그 가게를 소개한 중개업자와 함께가서 가게주인에게 이런저런 이야기를 물어 보았다.

"이 가게를 언제부터 하셨습니까?"

"예, 약 5년 정도 하였습니다."

"왜 가게를 처분하시려고 합니까?"

"개인적인 사정으로 더 이상 가게를 할 수 없어서 처분하려고 합니다. 그런데 사장님은 무슨 업종을 하실 생각이십니까?"

"예, 저는 음식점을 하려고 합니다."

"그러시면 업종이 다르므로 시설에 대한 권리금을 받을 수도 없고...바로 계약하시면 권리금없이 가게를 넘겨드리겠습니다."

이사장이 식당을 한다고 하니 2층 가게주인은 업종이 다르므로 시설에 대한 권리금은 필요없으니 보증금만 내면 언제든지 가게를 물려준다는 호조건이었다.

즉시 이사장은 그 가게에서 어떤 음식점이 잘 될 것인가를 조사하고 상권을 분석하였다. 상권분석을 한 결과, 칼국수와 보쌈을 전문으로 하는 식당을 열면 주변에 경쟁식당도 별로없고 장사도 잘되리라는 확신이 왔다.

그리하여 이사장은 부동산중개업자의 소개로 창동 역세권에 있는 2층 가게를 건물주와 임대차계약을 하고 보증금을 지불하였다. 권리금 한푼도 주지않은 채 가게를 인수한 이사장은 친척과 가깝게 지내던 친구들을 불러서 조촐하게 개업식을 열었다.

식당을 오픈한 이사장은 매일같이 구리에 있는 수산물시장에 가서 싱싱하고 맛깔나는 식재료를 구입하여 요리를 하였다. 차츰 이사장의 식당에서 식사를 해본 손님들로부터 음식맛이 깔끔하고 맛있다는 소문이 나기 시작했다. 또한 워낙 싹싹하고 살갑게 대하는 이사장의 성격이라 오는 손님마다 기분좋게 인사를 하니 한번 들린 손님은 또 다시 들리는 단골고객이 늘어났다.

수년이 지나자 이제 이사장의 음식점은 문전성시를 이룰 정도로 번창하였다. 저녁시간에는 예약을 하지 않으면 대기표를 받고 기다려야 할 정도로 식당이 만원이었다.

어느 날, 이사장이 주방에서 열심히 음식준비를 하고 있는데 고객중에 한 분이 면담을 요청해왔다. 잠시 후 식당이 조금 한가할 때에 그 분은 명함을 내밀며 인근에서 부동산중개업을 하는 중개업자라고 자신을 소개하였다.

그리고는 이 식당에서 음식을 몇 번 시켜 먹어본 고객중에서 한 분이 식당을 인수하고자 한다는 것이다. 그 고객분은 이사장이 가게를 내어 놓으면 기꺼이 가게를 인수하겠다며 권리금 등 인수조건을 타진해 왔다는 것이다.

한번도 가게를 판다는 생각을 하지 않았던 이사장은 이 제안을 받고는 곰곰이 생각하였다. 그런 다음에 이런 제안을 처음 받았으므로 며칠 생각할 여유를 달라고 중개업자에게 말하였다.

그런 후에 이사장은 처음 식당업을 하면서 지금까지 걸어온 길을 되집어보며 또 앞으로 자신이 나아가야 할 길을 생각하였다. 원래 이사장이 꿈꿔오던 것이 강남지역에 대형 음식점을 오픈하는 것이었는데 이제 그 꿈이 점차 현실로 다가오고 있음을 느낄 수 있었다.

'그래! 이번 기회에 이 식당을 넘기고 강남으로 가자! 강남지역에서 마음껏 나의 꿈을 펼치고 최고의 식당을 운영해 보자!'

며칠 후, 중개업자가 다시 가게에 들려 이사장에게 가게를 넘길 것을 생각해 보았느냐고 물었다. 이 자리에서 이사장은 보증금 외에 권리금으로 1억원을 주면 가게를 넘길 수 있다고 하였다.

그러자 중개업자는 식당을 인수할 고객과 상의한 후에 다시 들리겠다며 돌아갔다. 다음 날, 중개업자와 식당을 인수할 고객이 함께 이사장을 찾아와서 권리금을 조금 조정하여 8천만원으로 하면 가게를 인수하겠다고 제시하였다.

이사장이 권리금을 1억원을 받겠다고 하고, 고객이 8천만원을 주겠다고 하자, 가게를 소개한 중개업자가 나서서 절충하여 권리금을 9천만원으로 하자고 제시하였다. 이 절충안에 대하여 이사장과 고객이 모두 수락하자 바로 권리금 양도양수계약서를 작성하고 이사장은 권리금에 대한 계약금을 받았다.

이렇게하여 이사장은 권리금 한푼 주지않고 가게를 인수하였다가 불과 몇 년만에 권리금을 9천만원이나 받게 되었다. 이사장은 식당을 하면서 장사하여 돈을 벌고 나중에는 두둑이 권리금까지 챙기게 된 것이다. 그 후 이사장은 강남지역에 꿈에도 그리던 대형 음식점을 오픈하였다.

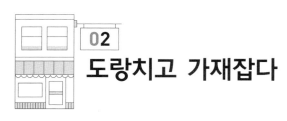

도랑치고 가재잡다

    진희는 연극을 좋아하여 주말이면 대학로에 있는 소극장을 찾곤 하였다. 짧게는 80분 정도에서 길게는 2시간 정도의 공연시간에 한 폭의 인생 드라마를 음미할 수 있는 것이 바로 연극이다. 좁은 공간에서 열연하는 배우들의 얼굴표정과 손동작 하나하나에도 감칠맛 나는 짜릿한 열정을 느낄 수 있어서 좋았다.

    어느 날, 진희는 친구와 함께 연극을 본 후에 근처에 있는 커피숍을 찾았다. 커피를 시켜서 마시고 있는데 손님은 별로없고 제법넓은 공간이 거의 빈 좌석이었다. 워낙 커피를 좋아하는 진희는 매장에서 일하는 아가씨에게 왜 커피숍이 이렇게 한산하냐고 물어 보았다.

    "아가씨가 이 커피숍의 주인이세요?"

    "아니예요. 저는 알바를 하고 사장님은 저녁에 한 번씩 들리세요."

    "그래요? 그런데 왜 이렇게 커피숍이 한가하죠?"

    "사장님이 커피숍에 별로 신경을 쓰지않으시는 것 같아요. 아마도 가게를 인근에 있는 부동산사무실에 내놓았다고 하는 것 같기도 하고요.”

평소에도 커피를 좋아하여 친구들에게 ‘나 커피숍을 한번 해볼까?’라고 말하였던 진희는 커피숍 알바하는 아가씨의 말에 호기심이 생겼다. 커피숍을 나온 진희는 친구랑 인근에 있는 부동산사무실을 찾아 나섰다. 부동산사무실을 몇 군데 들리는데 마침 그 커피숍을 중개의뢰한 중개업소를 찾았다.

부동산중개업소 사장은 그 커피숍을 잘 알고 있었다.

“아! 예. 그 커피숍을 팔려고 내놓은 것 맞습니다. 보증금과 월세는 현재 있는 그대로이며 권리금은 시설비조로 3천만원을 달라고 합니다.”

“그런데, 왜 커피숍에 손님들이 별로 없죠?”

“원래 그 커피숍 자리는 상권도 괜찮고 잘만 운영하면 장사가 잘되는 자리인데, 현재의 사장이 매장관리를 잘하지 않아서 그렇게 죽은 가게자리가 되었습니다.”

“그럼, 죽은 가게를 권리금으로 3천만원이나 주는 것은 생각해 보아야 할 것이고... 권리금이 없거나 아니면 시설비조로 아주 조금만 주고 그 가게를 인수할 수 있으면 한번 해볼 생각인데...”

“그래요? 그럼 내가 한번 사장하고 얘기해 볼께요.”

그렇게 진희는 중개업소 사장에게 말하고 전화번호를 남겨두었다.

며칠 후, 중개업소 사장한테서 전화가 왔다.

“사장님! 커피숍 사장하고 얘기했더니 처음에는 권리금을 3천만원 다 받아야 한다고 하였는데, 이제는 기본 시설비조로 1천만원만 받는다면 가게를 넘길 수 있다고 합니다.”하면서, 중개업소 사장은 일단 계약금을 준비하여 나오면 커피숍 사장을 잘 설득하여 좋은 조건에서 인수할 수 있도록 하겠다며 부동산사무실로 나오라고 한다.

진희는 계약금을 준비하고 친구와 함께 부동산사무실로 갔다. 중개업소 사장은 커피숍 사장에게 연락하여 매수자가 있으니 나오라고 하였다.

잠시 후에 커피숍 사장이 나왔다. 커피숍 사장은 키도 훤칠하며 서글서글한 인상에 사람좋아 보이는 인상이었다. 진희가 없는 돈을 내어서 가게를 하고 싶으니 권리금이 없으면 좋겠지만 꼭 권리금을 받을 생각이라면 조금만 받으시라고 말하자, 커피숍 사장은 시원하게 그렇게 하라고 대답하였다.

"예, 사실 권리금을 다 받아야 하지만 사장님 인상이 좋으니 중개업소 사장님 말씀대로 기본 시설비조로 1천만원만 받고 가게를 넘겨 주겠습니다. 나중에 잘되면 내가 커피마시러 갈 때에 커피값이나 받지마슈!"

"예! 감사합니다. 언제든지 사장님 오시면 커피는 무료로 대접하여 드리겠습니다. 사장님 뿐만 아니라 일행분이 계시면 일행분에게도 모두 무료로 커피를 대접하겠습니다."

이렇게 하여 진희는 상권은 좋은데 매장관리 소홀로 죽은 가게를 기본 시설비조로 권리금 1천만원에 가게를 인수하였다. 사실 주변 점포들을 둘러보면 유동인구가 많고 특히 젊은 사람이 많아서 진희가 인수한 가게자리 정도되면 적어도 권리금으로 8천만원 이상을 부르는 자리였다.

그 후, 진희는 인수한 커피숍을 현대식으로 인테리어 하고 소품을 들여놓고 아늑하면서도 쾌적한 커피숍으로 탈바꿈시켰다. 그런

후에 친구들을 초대하며 대학로에 오면 반드시 커피숍에 들려서 얘기도 하고 커피마시고 가라고 하였다.

처음에는 한산하던 커피숍이 진희가 인수하고 난 후에, 가게주인이 바뀌고 분위기가 달라졌다는 입소문이 나면서 대학로에 연극보러 온 관객들로 붐비기 시작했다.

아늑한 분위기에서 커피맛을 즐길 수 있는 ○○커피숍

장사가 잘되고 매출이 늘자, 진희는 단정하고 매너있는 알바생을 고용하여 서비스에도 최선을 다하였다. 이제 진희의 커피숍은 예전의 커피숍하고는 180도 다른 최상의 커피숍으로 탈바꿈하였다.

진희가 커피숍을 운영한지 2년이 지난 어느 날, 예전에 커피숍을 중개한 중개업소 사장이 진희를 찾아왔다.

"사장님! 커피숍이 잘된다는 소문이 널리퍼져 인근에 모르는 사람이 없을 정도예요. 커피숍 잘되는 비결이 뭐예요?"

"호호! 비결이랄게 무엇이 있나요? 그저 '손님은 왕'이라는 마인드로 최선을 다하여 편안하고 아늑한 분위기에서 커피맛을 즐기도록 하는 것이지요."

"얘, 사실 이 커피숍을 인수하려는 사람이 있어서 이렇게 찾아뵈었습니다."

그러면서 중개업소 사장은 커피숍을 인수하려는 사람이 권리금을 줄테니 가게를 중개해 달란다며 진희에게 커피숍을 넘길 것을 은근히 종용하였다. 아직 커피숍 넘기는 것을 생각해보지 않은 진희는 이런 제안을 받자 마음에 동요가 왔다.

진희는 아직 커피숍을 넘길 마음이 없으니 조금 생각할 여유를 달라며 중개업소 사장을 돌려보냈다. 그 후, 며칠 간격으로 중개업소 사장이 계속하여 찾아와서 커피숍 넘기는 것을 생각해 보았냐며 묻곤 하였다.

"얘, 사장님! 커피숍을 넘기면 권리금은 얼마나 준다고 합니까?"

"권리금은 먼저 사장님이 부르는 것이 도리이겠지요? 사장님! 권리금을 얼마나 받으시면 되겠습니까?"

"그럼, 한 1억원 정도 주면 가게를 넘기는 것을 생각해 보겠습니다."

"권리금으로 1억원이라... 예, 그럼 그렇게 제 고객에게 말씀드려 보겠습니다."

그 후, 중개업소 사장은 커피숍을 인수하려는 사람에게 가서 진희의 뜻을 전하니, 그 분은 권리금을 조금만 깎아서 8천만원이면 인수하겠다고 전해왔다. 이렇게 중개업소 사장이 중간에서 중개하여 진희와 진희의 커피숍을 인수하려는 사람이 부동산사무실에서 만났다.

그리하여 진희는 죽은 가게를 인수한 후, 2년 만에 권리금 8천만 원을 받고 커피숍을 다른 사람에게 넘겼다. 인수할 때는 기본 시설 비조로 권리금을 주변시세보다 월등히 적은 1천만원에 가게를 인수하였는데, 커피숍을 운영하여 돈도 벌고 가게가 잘되니 덤으로 권리금까지 두둑이 챙기게 된 것이다.

바로 '도랑치고 가재잡기'의 묘미이다. 죽은 가게를 인수하여 장사로 돈벌고 또 가게를 넘길 때에는 덤으로 권리금을 받는 것이다. 진희의 경우에서 보는 바와같이 권리금을 받고 못받고는 경영자의 마인드와 매장관리에 달려 있다.

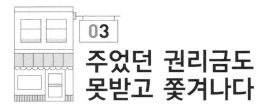

주었던 권리금도
못받고 쫓겨나다

  최근 김약사는 약을 팔면서도 얼굴에 수심이 베어있다. 얼마전에 건물주가 바뀌면서 이상한 소문을 들었기 때문이다. 새로 건물을 구입한 건물주가 약사 출신이며 직접 약국을 운영하기 위해서 김약사의 약국을 인수할 것이라는 소문이었다.

  김약사는 약대를 졸업하고 약국을 경영하며 많은 돈을 벌지는 못했지만 남부럽지 않게 생활하고 있다. 약국에서 힘들게 일하여도 일을 마치고 집에 들어가면 사랑하는 아내와 착한 아이들이 반겨주어 낮의 피곤함을 싹 씻어주는 것이었다.

  김약사는 몇 년 전에 상권이 좋다는 성신여대역 부근에 가게를 얻기위해 동분서주하며 약국자리를 찾아 보았다. 그러다가 중개업소의 소개로 얻은 점포가 바로 지금 경영하고 있는 약국자리였다.

  당시 성신여대역 부근의 역세권에 있는 1층 점포자리는 권리금이 몇 억대가 있어야 한다는 소문이 있을 정도로 상인들에게는 입점하고픈 상권이었다. 김약사가 살펴본 점포중에서 현재 장사하고 있는 약국자리는 특급상권은 아니었지만 주변에 병원이 모여있고 배후에는 아파트단지도 있어서 약국자리로는 괜찮은 자리였다.

그 점포가 마음에 들어 계약을 하려고 하니 전임차인이 권리금으로 1억3천만원을 주어야 가게를 넘긴다고 하였다. 그래서 김약사는 중개업소 사장에게 사정을 하고 권리금을 조정하여 달라고 하여, 얼마 후에 1억원을 주고 권리금 양도양수 계약을 체결하고 가게를 인수하였다.

성신여대역 인근에 있는 ○○약국

김약사가 약국을 개업하고 성실하게 일하니 고객유입도 많아져서 이제는 제법 명성있는 약국이 되었다. 덩달아 수입도 안정적이 되고 열심히만 일하면 돈을 버는 것도 어렵지 않다고 생각하던 터였다.

그런데, 그런 약국건물이 매각이 되면서 김약사의 신변에도 예기치못한 바람이 불어오기 시작한 것이다. 하지만 김약사는 새로 건물을 산 건물주가 돈많은 부자라는 소문에 설마 건물주가 되어서 약국 경영을 하지는 않겠지 라고 기대하며 애써 위안을 찾으려고 하였다.

몇 달 후, 손님이 별로 없는 시간에 건물주가 김약사를 찾아왔다.

"약사님! 안녕하세요?"

"예, 사장님!"

"사실, 어려운 부탁을 하려고 들렀습니다. 이제 이 약국을 비워주셨으면 합니다."

'아닌 밤중에 홍두깨'라고 김약사는 이상한 소문이야 들었지만, 막상 건물주가 약국자리를 비워달라는 소리를 하자 기가막혔다.

"아니, 사장님! 제가 이 약국자리를 인수하면서 열심히 일하여 동네에서 가장 평판좋은 약국으로 만들었습니다. 또한 그 동안에 월세 한 번 밀리지않고 꼬박꼬박 부쳤습니다. 그런데 저의 피와 땀이 베어있는 이 약국자리를 내놓으라니요?"

"예, 압니다. 하지만 제가 직접 약국을 운영할 목적으로 이 건물을 매입하였습니다. 하니 미안하지만 이제 약국자리를 비워주시길 바랍니다."

김약사는 건물주에게 애원하고 사정을 하여도 건물주는 요지부동으로 가게를 비우라고 한다. 나중에 김약사는 자기가 건물에 입점할 때, 권리금으로 1억원을 주었으니, 정히 내어 보내려면 자기가 주었던 권리금 1억원을 돌려 달라고 하였다.

하지만 건물주는 권리금에 대해서는 자신이 모르는 일이고 설령 김약사가 권리금을 주었다고 하여도 어디까지나 전임차인에게 준 돈이므로 자신과는 무관하다고 하였다. 하면서 언제까지 가게를 비워달라며 시한을 정하여 가게를 빼라고 김약사에게 통보하였다.

부랴부랴 김약사는 권리금을 돌려받을 방법을 백방으로 알아 보았다. 당초에 계약을 중개한 중개업자에게 알아보고 또 법무사와 변호사 사무실에도 들려서 알아 보았으나 권리금을 돌려받을 길이 없음을 알았다.

그로부터 김약사는 자포자기하며 힘없이 일을 하는데, 시간은 어김없이 흘러서 건물주로부터 약국을 비워달라는 기한이 도래되었다. 기한이 되어도 김약사가 점포를 비워주지 않고 버티며 약국을 운영하자, 이번에는 건물주로부터 점포를 비워달라는 내용과 함께 이번에도 가게를 비우지 아니하면 법대로 처리한다는 내용증명이 송달되었다.

얼마 후, 김약사는 건물주로부터 건물명도소송을 당하고, 법원에서 잡아준 변론기일에 법정에 나갔으나 "피고는 원고에게 건물을 명도하라"는 판결을 받아야만 했다. 그 판결문을 받은 날로부터 어느 날, 법원의 집행관이라는 사람들이 약국에 들이닥쳤다. 집행관은 언제까지 점포를 비우지 아니하면 강제집행을 하겠다는 말을 남기고 허탈해하는 김약사를 뒤로하고 약국문을 나섰다.

이제 김약사는 결단을 해야 한다. 자진해서 약국을 비워주던지 아니면 강제집행을 당하던지... 결국 김약사는 강제집행을 당하느니 자진해서 약국을 비워주기로 결심하였다

김약사는 점포를 얻을 때는 권리금으로 1억원이나 주었지만, 나중에 가게를 비울 때는 쫓겨나다시피 권리금 한푼받지 못하고 비워주어야 했다. 그 동안 피땀흘려 약국자리를 키워놓고 잘되게 하였지만 돌아오는 것은 인수할 때 주었던 권리금도 못받고 쫓겨나야 하는 서글픔을 맛보아야 했다.

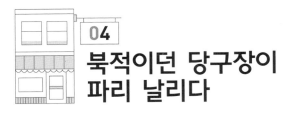

04
북적이던 당구장이
파리 날리다

　대풍은 어렸을 때부터 잡기를 좋아했다. 고등학교 시절부터 수업을 마치고 친구들과 탁구장을 드나들며 탁구를 치더니 대학교에 입학하고는 당구장을 찾기 시작했다. 당구장을 내집처럼 드나들며 게임비다 뭐다하며 당구장에 바친 돈이 어림잡아 시골에서 소 한마리 판 돈과 맞먹을 정도였다.

　대학을 졸업하고 취직하여 직장생활을 하면서도 회식을 하고 난후에는 어김없이 동료들과 당구장을 찾았다. 대풍의 당구실력은 200점 정도이니 한 판 게임을 하면 게임비를 낼 때도 있지만 공짜로 칠 때가 많아서 좋았다.

　세월이 흘러 이제 대풍의 나이도 40대 중반이 되었으며 회사에서는 중견간부로 인정받고 급여도 괜찮은 편이라 남부럽지 않게 생활하였다. 사랑하는 아내와 두 아이를 둔 아버지로서 가장역할도 충실하며 행복한 나날을 보내고 있었다.

　회사에서 능력있는 중견간부로 인정받자 대풍은 이제 임원으로 승진하는 것까지 꿈꾸게 되었다. 부지런히 일하며 상사로부터 인정받는데 소홀함이 없도록 하고, 아울러 부하 직원으로부터도 신임을 얻는데 최선을 다하였다.

그러한 대풍을 보며 회사 직원들도 연말에 있을 인사발령에 임원승진 대상으로 대풍을 언급하는데 주저하지 않았다.

그러던 어느 날, 인사담당 이사로부터 면담요청을 받은 대풍은 혹시 다음 인사에 있을 임원승진에 대하여 언급하지 않을까 하는 기대로 설레었다. 설레는 마음으로 인사담당 이사의 사무실 문을 들어선 대풍은 기대반 걱정반으로 가득찬 마음을 억누르며 공손하게 인사를 하였다.

"이사님! 안녕하세요?"

"예, 이 부장님! 잠시 차 한잔하면서 이야기 하십시다."

차를 한잔 하면서 인사담당 이사는 사내 업무에 대하여 이것 저것 이야기하더니 드디어 본론으로 들어갔다.

"이 부장님! 에둘러 이야기하지 않고 바로 말씀드리겠습니다. 요즈음 회사 사정이 예전만 못합니다. 이제 우리 회사도 구조조정을 하여야 살아남을 수가 있습니다. 이러한 회사 사정을 십분 감안하여 이 부장님도 후진을 위해 용퇴를 해주셨으면 합니다."

다음 인사시에 임원승진에 대한 기대로 설레는 대풍에게는 '아닌 밤중에 홍두깨' 격으로 청천벽력과 같은 소리였다. 아니 승진도 아니고 타부서로 보직변경도 아닌 명예퇴직을 종용받다니...

그 다음에 인사담당 이사가 하는 말은 귀에도 들어오지 않는지 대풍은 멍하니 천장만 바라보다가 인사담당 이사의 사무실을 빠져 나왔다. 아무리 생각해도 이해가 되지 않으며 받아들일 수 없는 말이었다. 회사에서 인정받고 있는 자신이 구조조정의 대상에 포함되었다는 사실도 믿기 어려우며, 명예퇴직하지 않으면 인사상 불이익을 당하여 결국에는 강제퇴직을 하게된다는 사실이 실감나지 않았다.

인사담당 이사와 면담한 다음 주 토요일, 대풍은 머리도 식힐 겸 하여 직원들과 함께 북한산 등산을 하였다. 우이동 종점에서 내려 진달래능선을 지나 백운대에 오르니 저멀리 북한산의 봉우리들이 쉬임없이 눈앞에 펼쳐진다. 산은 천년전이나 지금이나 변하지않고 유유히 서있는데 사람만이 바뀌고 또 바뀌는구나 생각하니 갑자기 사람의 일생이 덧없음을 느낀다.

백운대에서 인생의 덧없음을 생각하며 대풍은 이제는 회사에서 명예퇴직을 하라고 하면 기꺼이 순응하며 새로운 길을 모색하리라 마음을 다잡았다.

'그래, 까짓것 괜찮아! 이제는 회사가 아니라도 나홀로 서기하여 보란듯이 성공할 수 있다는 것을 보여줄거야!'

북한산을 하산한 후에 대풍 일행은 수유역 인근에 있는 당구장을 찾았다.

그런데 새롭게 단장한듯이 깨끗한 당구장에는 북적이는 사람들로 넘쳐났다. 젊은 사람들부터 중년에 이르기까지 당구대가 빈 곳이 없을 정도로 당구를 치는 사람들이 많았다. 대풍 일행은 당구장 사장이 서비스로 주는 음료수를 마시면서 한참이나 기다렸다가 당구장이 비어서야 겨우 게임을 할 수 있었다.

당구를 치면서 내내 당구장을 둘러보는 대풍의 눈에는 새로운 희망의 빛이 비쳤다. 당구장 사장의 매너와 서비스! 그리고 손님들의 밝은 표정을 보면서 이제 대풍은 자신이 해야 할 일을 생각하고 있었다.

'그래, 바로 이거야! 내가 좋아하는 당구장을 경영하는 거야! 돈도 벌고 취미도 살리는 일석이조가 바로 이거야!'

그 날 이후, 대풍은 주말이면 수유리에 있는 당구장을 찾았다. 빌딩 2층에 있는 당구장에는 언제나 사람들로 만원이었다. 드디어 대풍은 그 당구장을 인수해야 되겠다는 생각을 하였다.

얼마 후, 대풍은 당구영업이 끝날 때를 기다렸다가 비교적 한가한 시간이 되자 당구장 사장에게 이것 저것을 물어 보았다. 그리고는 본론으로 당구장을 넘길 생각이 없느냐고 은근히 당구장 사장의 의중을 떠보았다.

"저, 사장님! 혹시 당구장을 넘길 생각은 없습니까?"

"무슨 말씀이신지? 아니 이렇게 잘되는 당구장을 넘기라니 말이됩니까?"

처음에는 펄쩍뛰던 당구장 사장도 이야기가 길어지자 속내를 말하였다.

"예, 사실 제가 집안사정으로 당구장을 계속하여 운영하기에는 어려운 것이 사실입니다. 하지만 당구장이 이렇게 잘되는데 넘기자니 너무나 아깝습니다. 또한 들어간 돈도 만만치않고..."

"사장님! 들어간 돈이 얼마나 되는데요? 그 돈만 회수하면 넘길 의향은 있습니까?"

"임대보증금 이외에 전임차인에게 권리금도 주었고 또 최신시설로 수리하는데 드는 비용하고 이것저것 합하면 시설권리금만 한 5천만원 정도 들었습니다."

"그래요? 시설권리금 5천만원만 받으면 당구장을 넘길 뜻도 있다는 것이지요?"

"딱히 그렇다기 보다는 한번 생각해 보겠다는 뜻이지요."

다음 날부터 대풍은 당구장 인근에 있는 부동산 중개업소에 가서 당구장 사장의 말을 전해주며 당구장을 인수하는데 도와 달라고 하였다. 그러면서 권리금을 조금만 깍아달라고 주문하였다.

며칠 후, 중개업소 사장으로부터 전화가 왔다. 시설권리금을 작업하였더니 처음에는 당구장 사장이 한 푼도 깍지못한다고 하다가, 이제는 계약금을 갖고와서 이야기하자고 한단다. 그러니 계약금을 갖고오면 5백만원이든 1천만원이든 깍아줄테니 계약하러 오라는 것이다.

드디어 약속한 날짜에 중개업소를 찾은 대풍은 지금까지 직장생활을 하다가 처음으로 사업을 시작하니 도와달라고 하며 시설권리금을 1천만원만 깍아달라고 하였다. 여기에 중개업소 사장도 거들며 당구장 사장을 설득하여 결국에는 시설권리금 4천만원에 권리금 양도양수계약을 체결하였다.

그 후, 대풍은 직장을 그만두고 퇴직금을 쏟아부어 당구장을 인수하였다.

개업식날 대풍은 전에 다니던 직장 동료들과 친구들을 불러 거나하게 대접하며 자신이 그렇게 좋아하던 당구장을 경영하게 되었다고 자랑하였다.

대풍이 당구장을 인수하고 처음 며칠 동안은 사람들로 북적이며 영업이 잘되었다. 그런데 당구장을 인수하고 난 후, 한 달 정도가 지나자 사람들이 한 명 두 명 줄어들더니 두 달이 지나자 손님이 거의 없게 되었다.

'아니, 그렇게 많던 손님이 이렇게 순식간에 줄어들 수가 있는가?'

대풍은 처음에는 자신이 영업을 잘못하거나 서비스가 불량하여 손님이 줄어들게 되었나 하고 생각했다. 그런데 아무리 영업을 잘못한다고 해도 이렇게 짧은 시간에 손님이 물밀듯이 빠져나간다는 것은 말도 안되는 일이다. 더욱이 서비스는 최선을 다하여 제공하지 않는가?

부랴부랴 대풍은 손님이 줄어든 원인이 무엇인지 분석하기 시작하였다. 그러다가 자신의 당구장 인수를 도와준 부동산 중개업소가 아닌 주변의 다른 중개업소 사장으로부터 당구장 실상에 대하여 자세히 설명들었다.

원래 대풍이 인수한 당구장은 영업이 안되는 것을 전당구장 주인이 권리금없이 인수하여 시설을 새롭게 단장하였다고 한다. 그리고는 당구장을 넘기기 위해서 영업이 잘되는 것처럼 보이려고 친구들을 불러서 당구를 치게 하였다는 것이다. 그렇게 많던 당구치는 사람들이 대부분 전당구장 주인의 친구들이거나 그런 류의 사람들이었다는 것이다.

이러한 당구장을 사회경험이 없는 대풍이 덥썩 물어서 비싸게 권리금을 주고 인수한 꼴이된 것이다. 이미 엎질러진 물을 다시 주어 담을 수 없듯이 당구장 인수한 것을 돌이킬 수가 없게된 대풍은 하염없이 후회하고 또 후회를 하였다. 하지만 대풍이 인수하기 전에 북적이던 당구장은 이제는 파리날리며 한가하기 짝이없는 당구장으로 전락하고 말았다.

여기에서 대풍이 간과한 사실을 알아야 한다. 한 때는 영업이 잘 되는 당구장도 그 실상을 파악하고 인수해야 한다. 손님중에는 진성 손님도 있고 가성 손님도 있다는 것을 염두에 두고 정확한 영업매출을 체크해야 한다. 또한 영업실상을 파악하기 위해서는 평일에도 체크하고 주말이나 공휴일에도 체크해야 하며 주간과 야간별로 손님이 얼마나 오는지도 분류하여 체크해야 한다.

이러한 상권조사나 영업매출에 대한 분석없이 눈앞에 보이는 손님을 당구장의 진정한 고객으로 간주한 대풍의 성급함이 이런 후회를 낳게 한 것이다. 많은 사람들이 직장생활만 하다가 사업에 뛰어들어 대풍의 경우처럼 겉모습만 보고 실패하는 우를 범하는 경우가 있다.

'돌다리도 두들겨 보고 건너라'는 말이 있다. 이는 잘 아는 일이라도 세심하게 주의를 기울여야 한다는 뜻이다. 장사를 하려면 면밀히 상권분석을 하고 권리금과 임대차계약의 타당성을 분석한 후에 사업을 시작해야 한다.

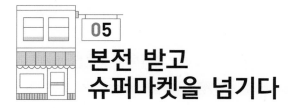

05
본전 받고
슈퍼마켓을 넘기다

   아직도 어둠에 휩싸인 새벽길을 승용차를 몰고 가면서 홍사장은 내심 새로 개점하는 대형 할인마트에 대한 대책을 강구하기에 바빴다. 홍사장은 대치동에 있는 자신의 슈퍼마켓으로 가기위해 매일같이 새벽에 출근하고 저녁늦게 퇴근하기를 벌써 3년째를 이어오고 있다.

   그 동안 슈퍼마켓은 거의 독점적인 입지조건으로 인하여 영업매출도 좋았고 상대적으로 수입도 괜찮은 편이었다. 그런데 최근에 홍사장이 경영하는 슈퍼마켓에서 멀지않은 곳에 대형 할인마트가 들어선다며 내부 인테리어를 하고 있는 것이다.

   아무래도 대형마트가 들어서면 홍사장의 슈퍼마켓 고객은 줄어들고 영업에도 영향을 받게되는 것은 불보듯이 뻔한 일이다. 그렇다고 대형마트가 들어오는 것을 막을 방도도 없는 것이다.

   이제는 대형마트와 맞서 싸울 영업전략이나 고객확보 전략을 짜야한다. 아니 기존의 단골고객을 중심으로 고객지키기에 안간힘을 다해야 하며 나아가서 서비스나 고객만족을 위한 특단의 전략을 세워야 한다.

이런저런 생각을 하는 동안에 벌써 홍사장의 승용차는 대치동을 들어서고 있었다. 홍사장은 주차를 하고 아침 일찍 가게문을 여는 다른 점포의 사람들과 인사를 하며 자신의 슈퍼마켓으로 들어섰다. 매일처럼 하는 일이지만 홍사장은 '오늘도 감사하게! 고객에게는 친절하게!'를 마음속으로 외치면서 물건들을 가지런히 진열하기 시작했다.

사실 홍사장은 대치동 슈퍼마켓을 인수하여 사업을 하기 전에는 우리나라 굴지의 대기업에서 중견간부로 일하였다. 그런 그가 회사에서 명예퇴직을 종용받고는 몇 달을 고민하다가 마침내 회사에 사표를 제출하고 말았다. 그 후, 한 동안 방황하며 등산으로 소일하다가 아내의 권유에 따라서 자영업을 한 것이 바로 대치동에 있는 슈퍼마켓 경영이었다.

자영업을 잘못하면 퇴직금을 다 날려버린다는 말을 수없이 들었던 홍사장은 나름대로 자영업에 대하여 면밀히 연구하고 분석하였다. 그 결과 밑천을 까먹지않고 자영업을 꾸려나갈 수 있는 것이 바로 슈퍼마켓이라고 결론을 내리고 슈퍼마켓 상권과 운영방법을 공부하였다.

그리고는 슈퍼마켓 인수를 위해 부동산 중개업소를 뛰어다니며 매물로 나온 가게를 알아 보았다. 그러다가 대치동에 있는 슈퍼마켓이 매물로 나왔다는 전갈을 받고 꼼꼼히 체크를 한 후에 당시 물건값을 제외한 시설권리금으로 5천만원을 주고 슈퍼마켓을 인수한 것이다.

슈퍼마켓을 인수하고 한 동안 홍사장은 새벽부터 밤늦은 시간까지 쉬지도 못하며 물건파는 것이 너무나 힘이 들어서 처음에는 슈퍼마켓을 시작한 것을 후회하였다.

아이들부터 동네 아주머니 심지어 할아버지 할머니에 이르기까지 비위를 맞추는 것도 마음에 들지 않았다. 몇 백원짜리나 몇 천원짜리 물건을 사면서 물건을 뒤적이며 시비를 거는 손님들에게는 아예 질려버렸다는 표현이 맞을 정도로 속이 뒤틀렸다.

하지만 이것도 시간이 지나니 익숙해 지면서 이제는 고객의 입장에서 생각하니 그 또한 감사한 일이다. 이렇게 생각을 고쳐먹은 후에는 작은 물건을 사는 손님일지라도 깎듯이 대접하며 이른바 '고객은 왕이다.'라는 마인드로 장사를 하니 수입도 좋아지고 일의 보람도 느끼게 되었다.

그런데 이런 홍사장의 슈퍼마켓에서 얼마 떨어지지 않는 길목에 대형 할인마트가 들어선다는 것이다. 이제 홍사장에게는 새로운 시련이 다가오고 있는 것이다.

시간이 흘러 몇 주가 훌쩍 지나갔다. 드디어 홍사장의 슈퍼마켓에서 멀지않은 곳에서 개점하는 대형 할인마트는 대대적인 홍보와 함께 개업식을 갖고는 영업을 시작하였다. 처음에는 가격 후려치기식으로 가격경쟁을 하다가 조금 시간이 지나자 [1+1]식으로 끼워넣기 작적으로 고객을 뺏어가기 시작했다.

길목에서 오픈한 ☆☆ 대형 할인마트

하지만 홍사장은 변함없이 '고객은 왕이다.'라는 신념 하나로 친절하고 정직하게 영업을 계속하였다. 점차 시간이 흐르자 대형 할인마트로 갔던 동네 단골들도 다시 홍사장의 슈퍼마켓으로 돌아오고 영업매출도 예전처럼 오르기 시작했다. 대형 할인마트가 들어선지 1년이 지나자 이제는 대형 할인마트와 홍사장의 슈퍼마켓은 묵시적으로 공존의 길로 들어섰다.

홍사장이 슈퍼마켓을 정상궤도에 올려놓은 얼마 후, 동네에서 친분이 있는 부동산중개업 사장이 홍사장을 찾아왔다. 그는 조금 한가한 시간에 홍사장에게 은근히 슈퍼마켓을 넘길 생각이 없느냐고 물었다.

"홍사장님! 혹시 슈퍼마켓을 넘길 생각은 없습니까? 사실 저희 고객중에서 홍사장님의 슈퍼마켓을 인수하고자 하는 사람이 있어서 말입니다."

"글쎄요. 가게를 넘기는 것에 대해서는 전혀 생각하지 않았습니다. 그런 일이라면 먼저 가족과 상의를 해야 되겠지요?"

슈퍼마켓을 넘기겠다는 생각을 전혀하지 않았던 홍사장은 일단은 생각할 여유를 달라며 중개업 사장을 돌려 보냈다. 그 날 저녁, 홍사장은 오랜만에 치킨을 시켜 먹으면서 가족회의를 하였다.

"사실, 오늘 낮에 아는 중개업 사장으로부터 가게를 인수할 사람이 있다면서 슈퍼마켓을 넘기라는 제안이 들어왔는데 어떻게 하는 것이 좋을까?"

그 말은 들은 홍사장의 부인과 자녀들은 대환영을 하였다.

"아빠! 가게는 임자있을 때에 넘겨야 된데요. 아빠가 고생하는 것을 도와주지 못하였는데 이참에 가게를 넘기는 것이 좋겠어요. 그리고 이제는 저희들도 직장을 다니니까 아빠는 일을 안하셔도 되요."

"예, 그래요. 적당한 가격이면 넘기는 것이 좋겠어요."

이구동성으로 가게를 넘기는데 찬성하니 이제 홍사장도 가게를 넘겨야 되겠다고 마음을 정했다. 이튿날, 홍사장은 중개업 사장과 가게를 넘기는 것에 대하여 상의하였다.

그리고는 얼마 후에 슈퍼마켓을 인수하려는 사람과 권리금 계약서를 작성하였다. 처음에는 시설권리금을 조금 더 받으려고 하였으나 가게를 인수할 사람이 한사코 권리금을 깎자고 하여 처음 홍사장이 주고 인수한 권리금과 동일하게 5천만원을 받기로 하였다.

그 후, 슈퍼마켓을 인수할 사람과 임대인간에 임대차계약서를 작성하고 순조롭게 가게를 인계시켜 주었다. 잔금받는 날, 홍사장은 정들었던 자신의 슈퍼마켓을 넘기면서 만감이 교차하여 가게에 진열된 물건들을 쓰다듬었다.

홍사장은 인생에서 처음으로 자영업을 시작하였으나 손해보지 않고 슈퍼마켓을 넘기게 되었다. 대기업에서 중견간부로 일하다가 명예퇴직을 당하였으나 면밀히 조사하고 분석한 후에 가게를 인수하였기에 손해없이 본전받고 가게를 넘기는 큰 경험을 한 것이다.

PART
02

권리금의 개념

01
권리금이란
무엇인가?

남대문시장에 가보면 평일에도 사람들로 붐벼서 마치 인산인해를 이룬 것같은 느낌이 든다. 그 중에서 시장코너에 위치하는 분식점에는 연신 사람들이 드나들며 앉은 자리가 없을 정도로 만원을 이루어 주문받기에 바쁘다. 누구든지 이런 자리에서 장사를 하면 떼돈을 벌 수 있을 것 같다.

은근히 주인장에게 점포를 내놓을 생각이 없느냐고 물어보면 손사래를 치며 화를 낸다. 아무리 많은 웃돈을 얹어주어도 가게를 내놓을 생각을 하지 않는다.

바로 이런 자리가 명당자리이며 돈버는 자리이다. 이런 가게를 인수하려면 건물주에게 주는 임대보증금 이외에도 많은 웃돈 즉 권리금을 주어야 한다. 이와같이 장사가 잘되는 자리를 인수하려고 임대보증금 이외에 웃돈을 주는 것이 바로 권리금이다. 이런 권리금은 현재 영업을 하고있는 임차인에게 주는 것이 일반적이지만 때로는 건물주에게 주고 가게를 인수하기도 한다.

권리금이란?

권리금이란 임대차계약시에 임차권의 양수인이 양도인에게 지불하는 금전이나 임차인이 임대인에게 임대차보증금이나 임대료외에 지불하는 금전을 말한다. 권리금은 주로 점포의 입지조건 등이 뛰어나 재산적 가치가 있는 경우에 그 점포를 인수하려는 사람이 먼저 영업을 했던 사람에게 지급하는 일종의 프리미엄이라고 보아야할 것이다.

권리금은 영업용 건물의 임대차에서 발생하며, 임차인이 영업수완이 좋아 고객을 많이 확보하여 매출이 높거나 영업시설을 그대로 두고 나갈 경우에 임차권의 양수인이 양도인에게 지불하는 영업권리금 또는 시설권리금 명목으로 주는 경우가 대부분이다.

이외에도 권리금은 영업상의 노하우(Know-How)나 영업허가권 기타 점포의 장소적 이익으로 인한 유형·무형의 가치에 대해 지불하는 금전이라고 할 수 있다.

따라서 아무리 장사를 오래 하여도 점포의 입지조건이나 재산적 가치가 없는 곳에서는 권리금이 발생하지 않는다. 예를 들면, 점포가 도심의 변두리에 있고 사람들의 왕래가 뜸한 곳에서는 권리금은 고사하고 시설을 그대로 두고 가겠다고 하여도 점포를 인수할 사람이 없다.

결국 권리금은 웃돈을 주고서도 장사가 잘되어 충분히 웃돈을 준값어치 이상을 하는 곳에서 발생하며, 이런 곳에서는 때로는 보증금보다도 권리금이 더 많을 수도 있다.

02
권리금의 형성요인

　권리금은 상가점포를 양도하고 양수하는 과정에서 장사가 잘되는 곳에 입점하려는 욕구에 의해서 관행적으로 형성되어 왔다. 상가의 입지조건이 뛰어나서 사람들의 왕래가 많거나 상권이 좋아서 장사가 잘되는 곳에 입지하려면 권리금이 붙어도 더 많은 수익을 얻을 수 있다고 판단되면 웃돈을 주고라도 그 점포를 인수하려고 할 때 권리금이 형성된다.

　그렇다면 유명 관광지나 영화관 입구에 있는 상가는 사람들의 왕래가 많으므로 권리금이 높을 것인가? 그렇지는 않다. 유명 관광지에 있는 상가중에는 권리금이 전혀없는 곳도 있고, 영화관 입구에 있는 상가중에도 권리금이 형성되지 않는 곳도 있다.

　따라서 권리금은 어떤 한 가지 요인에 의해서 발생하는 것이 아니라 여러 가지 요인이 복합적으로 작용하여 발생하게 된다. 이러한 권리금의 형성요인을 살펴보면 다음과 같은 것들이 있다.

1. 입지조건의 우월성

장사를 하는 사람은 좋은 장소에서 매출을 많이 올려 다른 사람보다 더 많은 돈을 벌려고 할 것이다. 소위 상권이 좋은 곳에 입점해야 매출도 많이 올리고 돈도 많이 벌 수가 있다. 그런데 도심의 좋은 상권은 무한정 넓게 펼쳐져 있는 것이 아니고 지역적으로 제한된다.

자연히 제한된 점포중에는 장사가 잘되는 곳도 있고 장사가 잘되지 않는 곳도 있다. 이렇게 장사가 잘되는 곳과 장사가 안되는 곳이 있으면 누구든지 장사가 잘되는 곳에 있는 점포를 얻어서 장사를 하려고 할 것이다.

장사가 잘되는 곳에 입점하려는 사람은 많은데 장사가 잘되는 장소는 제한적이므로 자연히 장사가 잘되는 곳에 입점하려는 경쟁이 발생한다. 상권좋은 곳에 입점하려는 수요자는 많으며, 수요자의 입지조건을 맞출 수 있는 장소는 제한되므로 이러한 장소적 이익으로 인하여 권리금이 발생한다.

아울러 이러한 입지조건이 좋은 곳에는 권리금을 주고 들어가도, 매출을 많이올려 자신이 주고 들어간 권리금을 상쇄하고도 남는 이익을 발생시킬 수 있다는 기대감이 바로 권리금이 발생하는 요인이다.

2. 영업시설의 환가성

장사를 하려면 영업시설을 설치하고 실내장치를 꾸미며 필요한 비품을 구비해야 한다. 이렇게 실내장식을 꾸미고 시설을 장만하며 비품을 갖추어 장사를 하려면 상가를 인수하고 새롭게 장식하는데 시간도 들고 비용도 발생한다.

새로운 임차인이 이러한 시간과 비용을 들여 영업시설을 갖추어 장사를 하는 것보다는 기존의 시설을 인수하면, 점포의 양도인은 영업시설에 대한 대가를 받아서 좋고 양수인도 때로는 저렴하게 영업시설을 인수하여 좋다. 소위 '누이좋고 매부좋은 격'으로 양도인과 양수인 모두에게 이익이 된다.

홍대입구역에서 내려 홍대입구 사거리에 가면 코너자리에 식당이 있다. 그 식당주인은 처음에 점포를 인수하고 나서 내부장식을 하고 주방을 설치하며 식당 홀을 손님의 취향에 맞게 아담하고 세련되게 꾸몄다. 아울러 식탁을 준비하고 의자를 갖추었으며, 밥그릇과 수저 등을 구입하여 언제든지 손님에게 최상의 서비스를 제공할 준비를 하였다.

이렇게 장사를 하다가 식당주인이 사업을 그만두고 가게를 넘길때, 그 가게를 양수한 후임 임차인은 새롭게 식당시설을 꾸미기 보다는 기존의 시설을 그대로 인수하는 것이 영업전략으로도 좋을 수가 있다. 왜냐하면 그 식당을 이용하였던 손님은 이미 그 식당의 구조나 시설에 익숙해 있기 때문이다.

이와같이 기존시설의 양도인이 설치하거나 구입한 영업시설을 양수인에게 인계·인수하는 시점의 비용으로 환가하여 받는 금액이

권리금이다. 아울러 이러한 영업시설의 환가성이 바로 권리금을 발
생시키는 요인이다.

3. 영업상의 노하우나 명성

최근에 인터넷을 검색하여 서촌한옥마을 맛집을 다녀왔다. 서촌
은 경복궁 서쪽에 있는 마을을 일컫는 별칭이다. 정확하게 말하면
인왕산 동쪽과 경복궁 서쪽 사이 청운동, 효자동과 사직동 일대를
뜻한다.

서촌마을 이라는 지명은 북촌마을과 대비해서 서촌마을이라 불
리워졌다. 이곳은 효자동, 통인동, 누상동, 옥인동, 청운동 등을 포
함하며 예전에는 중인들이 모여살던 곳이라 한다.

주말에 갔었는데 맛집을 찾으니 이미 사람들로 붐비며 주인장은
주문받기에 바쁘다. 정말 인터넷의 힘! 맛집에 대한 명성! 특별한
음식을 만드는 영업상의 노하우(Know How)! 고객에게 어필하는 영
업전략의 파워(Power)를 실감하는 순간이다.

이러한 가게를 인수하면 영업상의 노하우나 명성을 그대로 인수
하게 된다. 따라서 양수인은 이러한 가게를 인수하게 위해 많는 웃
돈 즉 권리금을 주는 것을 아깝게 생각하지 않는다.

왜냐하면 이러한 가게를 인수하여 장사를 하면 권리금보다 더 많
은 이익이 발생할 수 있기 때문이다. 이와같이 다른 점포와는 차별
되는 영업상의 노하우나 영업전략 또는 브랜드나 명성이 바로 권리
금을 발생시키는 요인이 된다.

4. 세금탈루 목적으로 임대인이 선호

임대인과 임차인간에 체결하는 임대차계약서에는 임대보증금과 차임을 명시하게 된다. 이는 소득세의 신고대상이 되며 분기별로 부가가치세도 신고하고 납부해야 한다.

하지만 권리금은 임대차계약서에 명시하지 않는 경우가 일반적이고, 오히려 임대차계약서에는 권리금을 인정하지 아니한다는 문구가 삽입되는 경우가 많다.

이러한 권리금은 임대차계약서와는 별개로 계약을 체결하며 수수하기 때문에 세무서에 임대소득으로 신고되지 않는 경우가 많다. 특히 임차인이 임대인에게 권리금을 주고 점포를 얻을 경우에 임대인은 소득세를 탈루할 목적으로 권리금을 선호한다.

5. 임차인이 지급한 권리금의 회수

임차인이 점포임차를 위하여 권리금을 지급하고 가게를 인수한 경우가 있다. 통상적으로 권리금은 임대인이 보장해주는 것이 아니기 때문에 임대차기간 동안에 장사를 잘하여 권리금보다 이익을 많이 남겨야 한다.

하지만 임차인은 장사를 하여 이익을 많이 남겼든지 아니 남겼든지 간에 자신이 점포를 임차했을 때에 지급했던 권리금을 새로운 양수인에게 받기를 원한다.

임차인은 자신이 지급했던 권리금을 회수하기 위하여 권리금계약서 등을 잘 보관하였다가 가게를 넘길 때 양수인에게 제시하기도 한다. 어떻게든 점포를 경영하다가 넘길 때, 양도인은 양수인에게 자신이 점포를 얻을 때 주었던 권리금을 요구하거나 또는 자신이 지급했던 권리금 이상을 요구한다. 이와같이 임차인은 자신이 주었던 권리금을 새로운 임차인으로부터 회수하려고 할 것이다. 즉 임차권의 양도인이 양수인에게 자신이 예전에 주었던 권리금을 회수하고자 할 때에 권리금이 발생한다.

6. 행정기관의 인·허가 요건충족

슈퍼마켓을 운영하는데 담배소매점을 겸하면 영업매출에 도움이 될 수 있다. 즉 담배를 사러왔던 손님이 다른 물건도 곁들여 사기 때문에 조그마한 슈퍼마켓이나 일용잡화를 판매하고자 하는 분은 담배소매점을 함께 하려고 한다.

그런데 담배소매점은 누구나 어디서든 할 수 있는 것이 아니고 일정한 요건을 갖추어야 한다. 즉 담배가게는 전매사업이라 관할관청에 담배소매인 지정신청을 하고 심의를 거쳐 결격사유가 없어야 지정받을 수 있다.

서울시의 경우, 담배소매인은 일반소매인과 구내소매인으로 구분하여 지정을 받을 수 있다. 일반소매인은 소매인 영업소간 50m 이상의 거리를 유지해야 한다.

구내소매인은 다음 각목의 1에 해당하는 장소에 지정받을 수 있다.

1. 역, 공항, 버스터미널, 선박여객터미널 등 교통시설 및 기차, 선박 등의 교통수단
2. 공공기관, 공장, 군부대, 운동경기장 등의 시설
3. 유원지, 공원 등으로서 입장시 입장료의 지불이 필요한 시설
4. 6층 이상으로서 연면적 2000제곱미터 이상인 건축물
5. 백화점, 쇼핑센터 등 유통산업발전법 제2조 제3호의 규정에 의한 대규모 점포
6. 한국표준산업분류표에 의한 종합소매업인 슈퍼마켓, 편의점 등으로 매장 면적이 100제곱미터 이상인 하나의 소매점포

　이와같이 일정한 점포는 행정관청의 인가나 허가 또는 지정을 득하여야 영업을 할 수 있다. 그런데 이러한 행정관청의 인·허가 점포를 인수하면 새로운 임차인은 기존의 인·허가 사항을 승계받는 경우가 있다. 이러할 때 점포 양도인이 양수인에게 권리금을 요구하는 경우가 많다.
　아울러 점포의 양수인은 양도인에게 권리금을 주어도 행정관청의 인·허가에 따른 독점적 이익을 향유할 수 있기 때문에 기꺼이 권리금을 주고 점포를 인수하려고 한다.

03 권리금과 구별되는 개념

권리금과 비슷하지만 권리금과는 구별하여 사용되는 용어로는 보증금, 상법상의 영업양도, 프리미엄, 보상청구권 등이 있다. 이를 차례로 설명하면 다음과 같다.

1. 보증금

보증금은 상가임대차 계약에서 임차인의 채무불이행으로 인한 채무를 담보하기 위하여 임차인 또는 제3자가 임대인에게 교부하는 금전이다. 보증금은 임차인이 차임을 지급하지 아니하거나 임차물의 멸실 또는 훼손 등 임대차 관계에서 발생하게 되는 임차인의 모든 채무를 담보한다. 즉 임대인은 임대차기간이 종료할 경우에 보증금으로 연체차임 등에 충당하고 남은 금액을 임차인에게 교부할 수 있다.

권리금과 보증금은 모두 임차인이 임대인이나 임대차의 양도인에게 지급하는 차임 이외의 금전이라는 측면에서는 동일하다. 하지만 보증금은 임대차기간이 종료하고 목적물을 명도할 때까지 차임 기타 채무를 이행하지 않을 경우에 이를 공제하고 잔액만을 반환하는 것이 일반적이다.

이에 반하여 권리금은 임대인에게 준 경우와 양도인에게 준 경우로 구별하여 살펴보아야 한다. 만약에 권리금을 임대인에게 준 경우에는 임대차 계약내용에 권리금을 반환하기로 약정하면 임대차기간이 종료하고 목적물을 명도할 때에 반환받을 수 있다.

하지만 권리금을 반환하지 아니하기로 약정하면 이를 반환받을 수 없다. 한편 임대차의 양수인에게 준 권리금은 상가점포를 임차인이 양수한 후에는 반환받을 수 없다.

일반적으로 보증금은 임대차계약이 종료될 경우에 임차인에게 반환되지만 권리금은 반환되지 않는다. 따라서 임차인이 임대차계약의 종료시에 보증금을 반환받지 못하였다면, 임대인에게 동시이행의 항변권을 주장하여 보증금을 반환받을 때까지 자신이 임차한 상가점포를 사용할 수 있다. 하지만 권리금은 동시이행의 항변권을 주장할 수 없다.

2. 상법상 영업양도에서 영업권

상법상의 영업양도란 일정한 영업목적에 의하여 조직화된 회사를 이전하는 것을 말한다. 영업양도는 일반적으로 영업용 재산인 물적 조직을 그 동일성은 유지하면서 일체로서 양수인에게 이전하는 것이며, 때로는 인적 조직까지 이전하는데 포함시키는 경우도 있다.

상법은 영업을 양도한 경우에 다른 약정이 없으면 양도인은 10년간 동일한 특별시·광역시·시·군과 인접한 특별시·광역시·시·군에서 동종영업을 하지 못하게 하고 있다.

만약에 양도인이 동종영업을 하지 아니할 것을 약정한 때에는 동일한 특별시·광역시·시·군과 인접한 특별시·광역시·시·군에 한하여 20년을 초과하지 아니한 범위내에서 동종영업을 하지 못하게 하고 있다.

이와같이 영업양도시에 양도인이 양도의 대가로 받게되는 영업권은 양도가격에 반영되는데 때로는 영업용 재산보다도 큰 금액으로 평가되어 거래되기도 한다. 영업양도 계약은 채권계약이므로 양도인은 양수인에게 영업재산을 이전해야 할 의무를 부담한다.

상법상 영업권 이전은 영업목적에 의하여 재산적 가치가 있는 물적 조직을 이전한다는 측면에서는 권리금과 유사하다고 할 수 있다. 즉 영업권이나 권리금 모두 양수인이 영업목적을 위하여 양도인에게 양도의 대가로 주는 것이다.

하지만 권리금은 영업장소에 대한 권리금이나 영업시설에 대한 권리금 이외에도 영업허가에 대한 권리금, 영업상의 노하우나 명성에 대한 권리금 등이 있을 수 있으므로 물적 및 인적조직을 이전하는 영업권 이전과 동일하다고 할 수는 없다.

3. 프리미엄(Premium)

부산 해운대구 우동은 바다를 조망할 수 있어서 고층아파트가 빌딩숲을 이루고 있다. 이곳에서 분양하는 아파트의 분양가격은 다른 지역에서 분양하는 분양가보다 높으며 덩달아 청약경쟁률도 높게 나타난다.

또한 이곳에서 분양하는 아파트를 분양받지 못한 사람들은 웃돈을 주어서라도 아파트를 사려고 한다. 이와같이 아파트 분양가격보다 높은 웃돈을 주고사는 경우에 바로 더 주고사는 웃돈이 프리미엄이다. 일반적으로 프리미엄이란 아파트나 토지, 상가 등을 매매할 때 받는 웃돈을 말한다. 이는 시장에서 거래되는 매매가격이 정상가격이나 액면가격보다도 그 이상으로 형성될 때, 정상가격이나 액면가격보다 더 많이 받게되는 초과분에 대한 금액이다.

예를 들면, 아파트를 분양할 때 공급물량은 제한적인데 수요자가 많이 몰려들어 수요물량이 많을 때 흔히 나타나는 현상이다. 인기 있는 지역의 아파트 분양시장에서 거래되는 금액은 분양가격에서 프리미엄을 더 주고 거래되는 것이 일반적이다.

이러한 프리미엄은 아파트나 토지 뿐만이 아니라 골프장회원권, 개인택시면허증, 헬스클럽회원증과 같이 다양한 형태에서 생길 수가 있다. 통상적으로 수요량에 비하여 공급량이 턱없이 부족할 경우에는 어김없이 웃돈을 주고 거래되는 프리미엄 가격이 발생한다.

따라서 상가를 양도하고 양수할 때 발생하는 보증금외에 양도인과 양수인이 수수하는 권리금 개념보다는 프리미엄이 포괄적이고 광범위한 개념이라고 할 수 있다.

권리금계약의 내용

권리금계약은 임대차계약의 당사자간에 체결되는 임대차계약과는 별개로 체결되는 계약이다. 따라서 권리금의 지급은 임대차계약의 내용을 이루는 것이 아니며, 권리금계약의 당사자는 임대차계약의 당사자와 일치하지 않는 경우가 많다.

일반적으로 권리금계약의 당사자는 임차권의 양도인과 양수이되는 경우가 대부분이다. 최근에는 임대인과 임차인간에 권리금계약이 체결되는 경우가 많아지고 있는 바, 이 경우에는 임대인과 임차인이 권리금계약의 당사자가 된다.

권리금계약의 내용을 임차인이 임대인에게 권리금을 지급한 경우와, 임차권의 양수인이 양도인에게 권리금을 지급한 경우로 구분하여 살펴보면 다음과 같다.

1. 임차인이 임대인에게 권리금을 지급한 경우

임대인은 임대차계약을 체결하면서 임차인에게 권리금을 인정하지 아니한다는 특약을 하는 경우가 많다. 하지만 신축건물이나 도심권의 중심상권에 있는 점포의 경우에는 임대인이 장소적 이익의 대가인 상권권리금 즉 지역권리금을 임차인에게 요구하는 경우가 있다.

이러한 경우에 임대인은 임차인과 직접적으로 권리금계약을 체결하는 경우보다는 가장임차인을 중간에 개입시켜 권리금계약을 체결하는 경우가 많다. 즉 임대인은 가장임차인으로 하여금 새로운 임차인에게 권리금을 받도록 하고, 가장임차인이 받은 권리금을 임대인이 받는 경우이다.

또한 임대인이 모든 시설을 설치한 후에 시설권리금을 임차인에게 요구하는 경우도 있다. 통상적으로 숙박시설인 모텔이나 호텔 또는 사우나시설을 임대할 경우에, 임대인이 시설을 해놓은 상태에서 임차인에게 임대차계약을 체결하는 수가 많다. 이러한 경우에 임대인은 임차인에게 시설권리금을 요구하기도 한다.

임대인과 임차인이 체결하는 권리금계약의 경우에, 권리금을 반환하기로 계약서에 명시하였다면 임대인은 임차인에게 권리금을 반환하여야 한다. 하지만 대부분의 경우에는 권리금을 반환하기로 계약서에 명시하지 아니하며 아울러 권리금 반환문제도 발생하지 아니한다.

2. 임차권의 양수인이 양도인에게 권리금을 지급한 경우

일반적으로 권리금계약은 임차인이 임차권양도를 하면서 양수인과 체결하는 경우가 대부분이다. 이럴 경우 임대인과 임차권의 양수인간에는 권리금계약과 관련해서는 아무런 계약관계도 발생하지 않는다.

또한 임대인은 임차인이 임차권양도를 하면서 임차권 양수인으로부터 권리금을 지급받는 것을 묵인하거나 방관하는 경우가 많다. 이 경우에도 임대인이 임차권양도에 대하여 묵시적으로 동의를 하였다거나, 묵시적으로 승인을 하였다고 할 수는 없다.

오히려 임대인은 새로운 임차인과 임대차계약을 체결하면서 "임차인은 임대차기간이 종료할 경우에 시설을 원상복구키로 한다."라든가, "임차인은 임대차계약이 종료할 경우에 시설권리금을 일체 요구하지 않는다."라는 특약을 정하여 권리금을 인정하지 아니한다. 이럴 경우 임차인은 임대인에게 권리금을 주장할 수 없다.

하지만 상가검물임대차보호법의 개정으로 임대인은 임대차기간이 끝나기 3개월 전부터 임대차 종료시까지 상가건물임대차보호법 제10조의 4(권리금 회수기회 보호 등) 제1항에 의하여 임차인이 주선한 신규임차인이 되려는 자로부터 권리금을 지급받는 것을 방해하여서는 아니된다.

또한 임대인은 상가건물임대차보호법 제10조의 4(권리금 회수기회 보호 등) 제1항에 위반하여 임차인에게 손해를 발생하게 한 때에는 그 손해를 배상할 책임이 있다. 이 경우 그 손해배상액은 신규임차인이 임차인에게 지급하기로 한 권리금과 임대차 종료 당시의 권리금중 낮은 금액을 넘지 못한다.

　현행 상가건물임대차보호법에 의하여 권리금이 명시적으로 제도화되었고 임차인에게는 권리금 회수기회를 보호하는 규정이 제정된 것은 임차인에게 환영할 만하다. 하지만 이러한 경우에도 임차인이 적극적으로 권리금을 임대인에게 주장하여 받을 수는 없다.

권리금계약의
법적성질

권리금계약은 상가의 양수인이 양도인에게 권리금을 주고 상가를 인수하는 계약을 함으로써 성립하는 법률관계이다. 아울러 상가의 양수인은 권리금 계약 후에 상가의 건물주와 본계약인 임대차계약을 함으로써 이루어지는 법률관계이다.

영업용 건물의 임대차에 수반되어 행하여지는 권리금의 지급은 임대차계약의 내용을 이루는 것은 아니다. 권리금 자체는 영업시설이나 비품 등 유형물이나 거래처, 신용, 영업상의 노하우(Know-How) 또는 점포 위치에 따른 영업상의 이점 등 무형의 재산적 가치의 양도 또는 일정 기간 동안의 점포에 대한 이용대가라고 볼 수 있다.

권리금이 임차인으로부터 임대인에게 지급된 경우에, 그 유형 또는 무형의 재산적 가치의 양수 또는 약정기간 동안의 이용이 유효하게 이루어진 이상 임대인은 그 권리금의 반환의무를 지지 아니한다.

다만 임차인은 당초의 임대차에서 반대되는 약정이 없는 한, 임차권의 양도 또는 전대차의 기회에 부수하여 자신도 그 재산적 가치를 다른 사람에게 양도 또는 이용케 함으로써 권리금 상당액을 회수할 수 있을 것이다.

따라서 임대인이 그 임대차의 종료에 즈음하여 그 재산적 가치를 도로 양수한다든지 권리금 수수 후 일정기간 이상으로 그 임대차를 존속시켜 그 가치를 이용케 하기로 약정하였음에도 임대인의 사정으로 중도 해지됨으로써 약정기간 동안의 그 재산적 가치를 이용하게 해주지 못하였다는 등의 특별한 사정이 있을 때에만 임대인은 그 권리금 전부 또는 일부의 반환의무를 진다.

이러한 권리금계약의 법적성질에는 무명계약설과 법적이익설이 있다.

무명계약설은 민법에서 규정하고 있는 계약 이외의 계약을 말하며 비전형계약이라고도 한다. 민법은 매매, 교환, 소비대차, 사용대차, 임대차, 고용, 도급 등과 같은 계약을 규정하고 있는데 이와같이 민법에서 규정하는 계약을 유명계약 또는 전형계약이라고 한다.

반면 무명계약 또는 비전형계약은 민법에서 규정하고 있지 아니한 계약을 말한다. 실제의 사회생활을 함에 있어서 유명계약에 꼭 맞는 계약만을 체결할 수는 없으므로, 계약자유의 원칙에 따라 당사자의 합의로 어떠한 내용의 계약도 체결할 수 있다.

따라서 유명계약 이외의 무명계약이 생기게 되며 사실상 무명계약으로 계약하는 경우가 유명계약보다 많을 수 있다. 결국 권리금계약은 법적으로 민법에서 규정한 계약에 포함되지 아니하므로 무명계약 또는 비전형계약에 해당한다고 보아야 한다.

법적이익설은 권리금은 법률상으로 보호할 가치가 있는 이익이라고 보며 판례의 입장이라고 할 수 있다. 즉 권리금은 임대차계약의 내용을 이루는 것은 아니지만 영업시설이나 비품 등 유형물이나 거래처, 신용, 영업상의 노하우 또는 점포 위치에 따른 영업상의 이점 등 무형의 재산적 가치에 따른 법적인 이익이라는 것이다.

상가권리금 받는 법과 상권분석

PART

03

SUCCESS

권리금의 유형

01 권리금 유형의 다양성

권리금은 한 가지 요인에 의해서 발생하는 것이 아니라 여러 가지 요인에 의해서 복합적으로 형성되어 왔다. 이에 따라 권리금의 유형도 다양하게 분류할 수 있다.

일반적으로 권리금의 유형에는 장소적 이익의 대가인 권리금, 시설비 명목의 권리금, 점포의 브랜드나 명성의 대가인 권리금, 단골고객을 많이 확보하여 생기는 영업권리금, 영업허가에 대한 이익의 대가인 권리금, 여러 가지 요인이 복합적으로 작용하여 발생하는 복합적 권리금 등으로 분류할 수 있다.

이와같이 권리금은 다양하게 분류할 수 있는 바, 본서에서는 상권권리금, 영업권리금, 시설권리금, 바닥권리금, 허가권리금, 보장부권리금, 복합적 권리금 등으로 구분하여 살펴보고자 한다.

상권권리금

　권리금의 가장 일반적인 유형으로 상권이 다른 곳보다 좋아서 영업이 잘됨으로 발생하는 권리금이다. 이를 영업장소가 위치한 장소적 이점에 대한 대가로써 발생하므로 지역권리금이라고도 한다.

　상권권리금은 상가의 입지조건이 좋아서 타점포에 비하여 고객이 접근하기 용이하고 장사가 잘되므로 매출이 높아서 발생한다. 입지조건이 좋다는 것은 고객의 접근성이 좋고 교통은 편리하며 수송비도 절약되는 등 여러 가지 측면에서 상권분석이 가능하다.

　상권권리금은 임차권의 양도인이 양수인에게서 받는 것이 일반적이지만 때로는 상가의 임대인이 임차인에게서 받는 경우도 있다. 임대인은 자신의 점포를 임대놓으면 임대소득에 대한 소득신고를 하여야 하는데, 이럴 경우에 소득세를 탈루하려고 임대보증금 대신에 권리금 형태로 금전을 수수하기도 한다. 왜냐하면 권리금은 임대차계약서에 명시하지 않는 것이 일반적미며 세무서에 임대소득으로 신고하지 않아도 되기 때문이다.

상권이 좋은 곳은 장사를 하려는 사람이 많아서 줄을 서서 기다려도 점포를 얻을 수 없는 경우가 허다하다. 높은 권리금이 붙어서 거래되는 경우에도 대부분이 점포영업을 하는 사람과 동종의 업종을 하는 사람끼리 암암리에 거래되는 경우가 많다.

또한 중개업소에서 거래되어도 양도인이 몇몇 부동산 중개업자에게만 암암리에 가게를 내어 놓아서 계약이 이루어지고 점포 주인이 바뀌고 나서야 그 점포가 양도되었다는 것을 알 수 있다.

상권이 아주 좋은 곳은 임차보증금도 많고 월세도 높지만 아울러 권리금도 높게 형성되어 거래된다. 하지만 상권이 좋지않는 곳은 상권권리금이 전혀 발생하지 않는 경우도 많다.

상권권리금이 발생하는 경우를 살펴보자.

강남구 역삼동에 가면 역삼역이 있고 그 인근에는 오피스 빌딩이 많아서 음식점을 하면 잘되는 곳이다. 이곳에서 박사장은 빌딩 지하에 있는 대형 음식점을 운영하는데 이 음식점은 프랜차이즈 체인점이다.

박사장은 이 음식점을 얻으면서 양도인에게 권리금으로 1억원을 건네고 양수하였다. 그리고 프랜차이즈 체인점 음식점을 오픈하였는데 과연 1억원의 권리금을 내고도 충분히 수지가 맞을 정도로 영업이 잘되었다.

역삼역 인근에는 빌딩이 숲을 이루고 또한 이와같은 넓은 공간을 음식점으로 사용하는 곳은 많지 아니하므로 장사가 잘되어 낮 시간이든 밤 시간이든 항상 사람들로 만원을 이루고 있다.

이런 곳은 웬만한 권리금으로는 점포를 얻을 수도 없을 정도이며 점포가 나오기 바쁘게 높은 권리금으로 거래되는 곳이다. 상권권리

금은 바로 이와같이 상권이 좋아서 양도인이 양수인에게 받는 권리
금이다.

03 영업권리금

장사가 잘되어 매출이 높고 영업이익은 많이 발생하는 경우에 이러한 무형의 재산적 가치에 대하여 대가를 주는 권리금이 영업권리금이다. 영업권리금은 장기간 영업을 하면서 확보한 단골고객이 많다거나 영업상의 노하우(Know-How)가 특별하여 발생하는 경우가 많다.

영업상의 노하우가 특별하여 발생하는 영업권리금의 예를 들어보자.

경기도 포천시 내촌면에 가면 국수를 기가 막히게 잘하는 맛집이 있다. 바로 김치말이 국수로 유명한 음식점인데 똑같은 국수를 먹어도 다른 음식점과는 맛에서 차이가 있다.

이는 국수에 대한 영업상의 노하우가 특별한 케이스이다. 국수맛이 너무 맛있어서 주인장에게 은근히 비법이 무엇이냐고 물어 보았다. 그러자 주인이 손사래를 치면서 말도 못붙이게 하였다.

"국수맛의 비법을 아무에게나 알려주면 비법이 아니제!"

"그러면 권리금을 주면 가게를 넘기고 비법을 알려줄 수 있습니까?"

"허, 참, 그 양반! 권리금을 아무리 많이 주어도 가게를 넘길 생각은 없다네! 또한 국수맛의 비법이라니, 아무리 많은 돈을 준데도 내 국수맛의 비법은 돈으로 계산할 수 있는게 아니라네!"

이와같이 국수맛의 비법이라든가 아니면 특별한 영업상의 노하우를 갖고있는 점포를 양수하려고 하면 양도인이 영업권리금을 요구하는 경우가 많다. 바로 이처럼 영업상의 노하우에 대해서 지불하는 것이 바로 영업권리금이다.

영업권리금은 영업과 관련하여 점포의 평판이 좋아서 이름난 명성이나 신용 또는 거래처 확보 등에 의해서도 발생할 수 있다. 어찌되었건, 영업권리금은 영업이익이 높을수록 높게 형성되어 거래된다.

이제는 고객의 수에 따라 영업권리금이 거래되는 예를 살펴보자.

강남구 역삼동에 가면 르네상스 서울호텔이 있다. 이러한 특급호텔 주변에는 많은 모텔이나 여관이 입점하여 활황리에 영업을 하고 있다. 이런 모텔이나 여관이 가끔씩 거래되곤 하는데, 이럴 경우에 양수인은 영업이익을 분석하기 위하여 양도인에게 숙박명부를 요구하며 일일이 숙박인 수를 체크하기도 한다.

왜냐하면 숙박명부를 보면 하루에 숙박을 한 사람이 얼마인지 알 수 있으며 아울러 매출금액과 영업이익도 계산할 수 있기 때문이다. 즉 매물로 나와있는 모텔이나 여관의 숙박명부에 기록된 고객의 수가 많으면 이것을 기준으로 영업상태를 알 수 있고 이에 대한 대가로 영업권리금을 지불하기도 한다.

이러한 영업권리금은 경기변동과도 밀접한 관련이 있다. 경기가 호황일 경우에는 장사가 잘되므로 너도 나도 영업에 뛰어들려고 하고 영업권리금도 높은 가격에 거래된다. 하지만 불경기에는 사업을 하려는 사람이 줄어들고 영업도 위축되므로 영업권리금도 하락하게 된다.

04 시설권리금

　장사를 하기 위해서는 매장을 리모델링하고 인테리어를 하며 영업시설이나 비품 또는 집기를 구입해야 한다. 이렇게 시설을 하여 장사를 하다가 사정에 의하여 점포를 넘길 경우에 이런 시설이나 유형물에 대한 대가로 받는 것이 바로 시설권리금이다.

　일반적으로 시설권리금은 임차권의 양도인이 양수인에게 수수하는 경우가 많다. 왜냐하면 점포를 인수할 경우에 양도인이 시설을 원상복구하고 집기일체를 가져가 버리면, 임차권의 양수인은 동종 영업을 할 경우에 다시 시설을 인테리어하고 집기를 구입해야 하기 때문이다.

　이 경우에 임차권의 양도인은 손해보지 아니하는 범위에서 시설권리금을 받으면 좋고, 양수인도 비싸게 시설을 하고 집기를 구입하는 것보다는 양도인과 타협해서 적절한 금액으로 시설비품을 인수하는 것이 좋다.

　하지만 임대인은 임차인의 시설권리금을 인정하지 않으려고 한다. 따라서 임대차계약을 할 경우에 임대인은 임차인의 시설권리금을 인정하지 않기 위하여 "임대차기간이 종료할 경우에 임차인의 시설권리금은 일체 인정하지 아니한다."라고 적는다.

어떤 경우에는 임대차계약서에 "임차인은 임대차기간이 종료할 경우에 시설을 원상복구하기로 한다."라고 쓴다. 이럴 경우, 임차인은 임대차기간이 종료하여도 임대인에게는 시설권리금을 주장할 수 없다.

이와같은 시설권리금의 성질에 대해서는 필요비 또는 유익비에 해당한다는 것이 일반적 견해이다. 필요비란 임차한 건물의 보존을 위해서 지출한 비용을 말한다.

예를 들면, 보일러가 손괴되거나 냉난방 시설이 고장난 경우에 이를 수선하기 위하여 지출한 비용이 필요비다. 또한 점포의 천장에 누수가 생긴 경우에 방수를 하기 위해 지출한 비용도 필요비에 해당한다.

유익비는 임차한 건물을 개량하여 건물의 객관적 가치를 증가시키는 비용을 말한다. 예를 들면, 아파트 베란다에 샷시가 없을 경우에 샷시를 설치함으로써 아파트의 가치가 증가하는 경우와 같다.

임차인은 임차한 점포에 관하여 필요비를 지출한 경우에는 필요비상환청구권이 있으며 이의 변제를 받을 때까지 그 부동산을 유치할 수 있다. 또한 임차인은 임차한 점포에 관하여 유익비를 지출한 경우에는 그 가액의 증가가 현존한 경우에 한하여 소유자의 선택에 좇아 그 지출한 금액이나 증가액의 상환을 청구할 수 있으며 이의 변제를 받을 때까지 부동산을 유치할 수 있다.

하지만 대부분의 경우에 임대인은 임차인에게 점포의 원상복구의무 등을 내세워 임차인의 필요비 또는 유익비의 주장을 소멸시키는 편이다. 결국 임차인이 필요비나 유익비를 지출하였을지라도 이에 대한 비용은 임대인에게 받는 경우는 별로 없다. 이와같은 경우에 임차인은 이러한 시설이나 인테리어에 지출한 비용을 임차권의 양수인에게 받는 것이 바로 시설권리금이다.

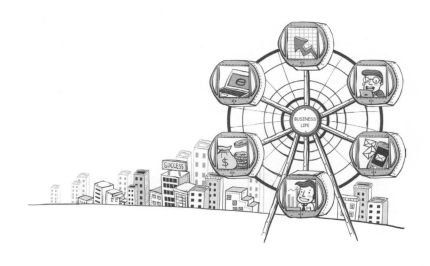

바닥권리금

예전에 지하철 6호선과 7호선의 환승역인 태릉입구역 인근에 대형 아파트단지가 들어섰다. 이 아파트단지가 완공은 되었으나 아직 입주하기 전이었는데, 이 아파트상가에서 부동산사무실을 내려는 사람이 있었다. 그는 목이좋은 곳이 아직 공실이라 이를 임대차하기 위하여 인근에 있는 중개업자에게 임대조건을 물어 보았다.

그런데 중개업자가 부동산사무실을 내려는 사람에게 바닥권리금을 주어야 가게를 얻을 수 있다고 하였다. 당연히 임대인에게 주는 임대보증금이나 차임은 이해할 수 있지만, 중개업자에게 바닥권리금을 주어야 한다는 것은 이해가 가질 않았다.

"아니, 이 사무실은 아무런 시설도 하지 않은 공실인데 어떻게 권리금을 달라고 합니까?"

"예, 바닥권리금이지요. 이 점포를 확보하기 위하여 얼마나 노력했는지 아십니까? 바닥권리금을 주지 않으면 이 점포를 얻을 수 없습니다."

결국 아파트 상가를 얻어서 부동산사무실을 내려고 한 사람은 바닥권리금을 달라는 중개업자의 요구를 받아들일 수가 없어서 부동산사무실을 내는 것을 포기하였다.

이와같이 시설이 되지는 않았지만 상권이 좋거나 장사가 잘되는 곳에 분양하는 점포를 얻기 위해서, 이미 그 점포를 확보한 중개업자나 분양업자에게 주는 권리금이 바로 바닥권리금이다.

이는 앞에서 살펴본 상권권리금과는 다른 개념으로 접근해야 한다. 상권권리금은 기존에 점포를 운영하는 임차권의 양도인에게 지불하는 권리금인데 반하여, 바닥권리금은 시설을 하지않은 공실인 점포가 상권이 좋다는 이유로 또는 목이 좋다는 이유로 지불하는 금액이다.

신규로 입점하는 대부분의 점포에는 바닥권리금이 발생하지 않지만, 목이 좋거나 상권이 좋은 점포에 이미 바닥권리금이 형성되어 있으면 이를 주어야만 점포를 얻을 수 있는 경우가 있다. 이 경우에는 바닥권리금을 주어야 점포를 얻을 수 있으므로 어쩔 수없이 중개업자 등에게 권리금을 주고 난 후에야 임대인과 임대차계약을 체결할 수 있다.

허가권리금

허가권리금이란 행정관청의 인·허가에 의하여 할 수 있는 영업을 양도·양수하는 경우에 지급되는 권리금을 말한다. 허가권리금은 법률이나 행정적인 규제로 말미암아 동일한 지역에서 더 이상 신규 영업 허가가 나지 않는 경우에 기존의 영업허가권은 희소성을 갖게 되어 형성된다.

제품의 성질상 행정관청의 허가나 인가가 필요한 업종은 아무데서나 자유롭게 영업을 하지 못하도록 규제하고 있다. 예를 들면, 담배판매권이나 복권판매권 등은 영업허가를 받아야 영업할 수 있는 바, 이러한 영업허가에는 거리제한 및 허가조건을 충족해야 한다.

김사장은 동네에서 조그마한 슈퍼마켓을 개업하고자 여러 장소를 물색하였다. 동네 슈퍼마켓에는 담배를 팔아야 손님이 담배를 사러 왔다가 다른 물건도 산다는 말을 들었는지라 담배판매권을 허가받으려고 백방으로 알아 보았다.

하지만 담배판매권은 이미 다른 슈퍼마켓에서 독점하고 있는지라 판매허가가 나지 않는 곳이었다. 따라서 김사장이 슈퍼마켓을 오픈하려면 담배판매권 없이 영업하거나, 아니면 기존의 담배판매권이 있는 슈퍼마켓을 인수해야 한다.

결국 김사장은 담배판매권 없이 슈퍼마켓을 인수하여 기존의 슈퍼마켓과 피터지는 경쟁을 벌이는 것보다는, 차라리 담배판매권이 있는 기존의 슈퍼마켓을 인수하는 것이 낫다고 판단하였다.

그리하여 김사장은 기존의 슈퍼마켓 사장이 담배판매권에 대한 허가권리금을 주장하자 이를 받아들여, 시설과 비품 일체와 담배판매권에 대한 허가권리금을 주고 슈퍼마켓을 인수하였다.

여관이나 호텔 또는 목욕탕도 신축이나 증설이 규제되고 있으며, 주유소나 세차장도 허가조건을 충족해야 하는 업종이므로 아무나 영업을 할 수 없다. 따라서 이러한 업종에도 허가권리금이 붙어서 거래되곤 한다.

임차권보장권리금

　이는 권리금을 수수한 후에 일정기간 동안 그 임대차를 존속시키기로 하는 임차권 보장의 약정 아래에 임차인으로부터 임대인에게 지급되는 권리금이다. 또한 임차권의 양도나 전대차를 보장하는 대가로서 임대인이 임차인으로부터 권리금을 받는 경우에도 이에 속한다고 보아야 한다.

　대부분의 경우에 상가건물임대차보호법에 의해서 임대차기간이나 기타 임차인의 권리는 보호를 받으므로 임차권보장권리금은 성립하지 않는 것이 일반적이다.

　하지만 특수한 경우, 예컨대 상가건물임대차보호법에 의한 임대차기간을 초과하거나 기타 필요한 경우에는 임차인은 임대인에게 권리금을 주고서라도 임차권을 보호받고자 하는 경우가 있다. 이럴 경우에 임차권보장권리금이 형성될 수 있다.

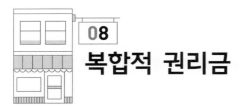

08 복합적 권리금

상가권리금은 어떤 한 가지 요인에 의해서만 발생하는 것이 아니고, 여러 가지 요인이 복합적으로 작용하여 발생하므로 이를 통칭하여 복합적 권리금이라고 한다.

상가임차인은 영업을 위해 좋은 위치에 점포를 내어서 운영하다가 이를 인수하고자 하는 양수인에게 넘겨줄 때는 당연히 권리금을 받으려고 할 것이고, 이러한 상권이 좋기 때문에 발생하는 권리금이 상권권리금이다.

아울러 상가를 양도할 경우에는 임차인이 장사를 하기 위하여 구입하고 설치하였던 시설비품 일체도 함께 양도하므로, 이러한 시설비품에 대한 시설권리금도 포함되어 함께 넘겨주게 된다.

또한 상권이 좋아서 단골손님이 많아지고 영업이익이 많은 데서 발생하는 권리금이나, 때로는 영업상의 노하우도 함께 전수해주는 경우에는 영업권리금도 반영하여 권리금이 매겨질 수 있다.

이와같이 권리금은 여러 가지 요인이 복합적으로 작용하여 형성되는 것이지 어느 특정한 한 가지 요인만 작용하여 형성되는 것은 아니다. 즉 권리금은 장소적 이익의 대가를 기반으로 하여 시설비에 대한 보전, 영업상의 노하우에 대한 대가, 허가권 등에 대한 독점적 이익 등에 대한 여러 요인이 복합적으로 작용하여 발생한다.

상가건물
임대차보호법상의
권리금

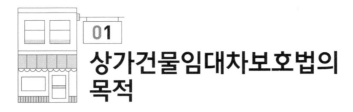

상가건물임대차보호법의 목적

상가건물임대차보호법은 상가건물 임대차에 관하여 민법에 대한 특례를 규정하여 국민 경제생활의 안정을 보장함을 목적으로 한다. 즉 경제적 약자인 상가건물의 임차인을 보호하고 국민의 경제생활의 안정을 기하고자 이 법을 제정하게 되었다.

상가건물에 대한 임대차계약은 개인간의 거래계약으로 민법의 적용을 받아왔다. 사적자치에 의한 계약일지라도 경제적 약자인 임차인은 보증금의 반환이나 계약기간의 만료시에 임대인의 보증금 증액요구 등에 대하여 적절하게 대처할 수 있는 방법이 없었다.

더욱이 상가건물의 매매나 경매시에 상가건물의 양수인에게 대항할 수 없는 경우가 빈번하고 보증금을 반환받지 못하고 쫓겨나는 경우도 발생하여 서민들의 경제생활을 위협하게 되었다.

이에 상가건물의 임대차에 대해서도 경제적 약자인 임차인을 보호하는 법률의 제정이 필요하다는 주장이 제기되었으나 번번이 국회에서 입법화되지 못하였다. 하지만 경제적 약자인 임차인을 보호해야 한다는 여론이 비등하자 마침내 민법의 특례로서 상가건물임대차보호법을 제정하기에 이르렀다.

　상가건물임대차보호법은 2001년 12월 29일 법률 제6542호로 제정되어 2002년 11월 1일부터 시행하게 되었다. 그 후 동법은 개정을 거듭하여 왔으며 2015년 5월 13일 법률 제13284호로 개정되어 동일부터 시행된 상가건물임대차보호법에서는 권리금에 대한 규정을 포함하게 되었다. 이에 따라, 그 동안 음성적으로만 거래되던 권리금이 이후로는 양성화되기에 이르렀다.

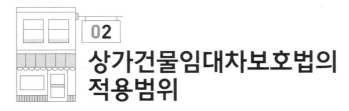

상가건물임대차보호법의 적용범위

상가건물임대차보호법은 상가건물(상가건물임대차보호법 제3조 제1항의 규정에 의한 사업자등록의 대상이 되는 건물을 말한다)의 임대차(임대차 목적물의 주된 부분을 영업용으로 사용하는 경우를 포함한다)에 대하여 적용한다. 다만 대통령령이 정하는 보증금액을 초과하는 임대차에 대하여는 이 법을 적용하지 아니하다.

1. 사업자등록의 대상건물

상가건물임대차보호법이 적용되는 부동산은 사업자등록의 대상이 되는 건물이다. 즉 모든 상가건물이 보호대상이 되는 것이 아니라 사업자등록의 대상이 되는 건물에만 적용된다.

따라서 종교단체, 자선단체, 동창회, 종친회 등과 같이 사업자등록의 대상이 되지 아니하는 건물이나 비영리사업을 위한 임차인에게는 이 법이 적용되지 아니한다.

또한 상가건물의 임차인이라도 대통령령으로 정하는 보증금액을 초과하는 임대차에 대해서는 이 법이 적용되지 아니한다. 이는 경제적 약자인 일정금액 이하의 상가건물 임차인을 보호하는 것이 이 법의 목적이기 때문이다.

2. 월차임의 환산비율

상가건물임대차보호법에 적용되는 건물의 보증금액을 정할 때에는 해당 지역의 경제여건 및 임대차 목적물의 규모 등을 고려하여 지역별로 구분하여 규정하되, 보증금 외에 차임이 있는 경우에는 그 차임액에 「은행법」에 따른 은행의 대출금리 등을 고려하여 대통령령으로 정하는 비율을 곱하여 환산한 금액을 포함하여야 한다.

이 경우에 임대차계약에서 보증금 외에 차임이 있는 경우의 차임액은 월 단위의 차임액으로 한다. 또한 상가건물임대차보호법에서 환산금액을 정할 때에 대통령령으로 정하는 환산비율은 1분의 100을 말한다.

3. 용도겸용시의 적용여부

상가건물임대차보호법은 임대차 목적물의 주된 부분을 영업용으로 사용하는 경우에 적용된다. 따라서 주된 부분을 영업용으로 사용하고 나머지 부분을 비영업용으로 사용하는 경우에도 보호를 받을 수 있다.

사업자등록의 대상이 되는 영업용은 도매업이나 소매업 뿐만 아니라 공업, 제조업, 광업, 농업 등도 포함된다. 또한 상가건물만이 아니라 주택이나 공업용 건물과 같은 비상업용 건물에도 사업자등록이 된다면 이 법의 보호대상이 된다고 보아야 한다.

주된 부분에 대한 판단은 임대차계약의 목적, 건물구조와 형태, 이용관계 등을 함께 고려하여 합목적적으로 결정해야 한다.

4. 보증금액의 범위

상가건물임대차보호법은 시행령에서 정하는 보증금액을 초과하는 임대차에는 적용하지 아니한다. 상가건물임대차보호법 시행령에서 정하는 보증금액은 지역별로 구분하여 다음과 같다.

상가건물임대차보호법이 적용되는 상가건물의 보증금액

보증금액 설정기준일	지 역	보증금액
2002. 11. 1일부터 2008. 8. 20일까지	서울특별시	2억4,000만원
	수도권 과밀억제권역	1억9,000만원
	광역시(인천광역시, 군지역 제외)	1억5,000만원
	기타지역	1억4,000만원
2008. 8. 21일부터 2010. 7. 25일까지	서울특별시	2억6,000만원
	수도권 과밀억제권역	2억1,000만원
	광역시(인천광역시, 군지역 제외)	1억6,000만원
	기타지역	1억5,000만원

보증금액 설정기준일	지 역	보증금액
2010. 7. 26일부터 2013. 12. 31일까지	서울특별시	3억원
	수도권 과밀억제권역	2억5,000만원
	광역시, 안산시, 용인시, 김포시, 광주시	1억8,000만원
	기타지역	1억5,000만원
2014. 1. 1일부터 ~ 현재까지	서울특별시	4억원
	수도권 과밀억제권역	3억원
	광역시, 안산시, 용인시, 김포시, 광주시	2억4,000만원
	기타지역	1억8,000만원

【사례】

• 갑은 서울시 서초구 서초동에 소재하는 상가건물을 보증금 1억원에 월세 200만원에 임차하여 커피숍으로 사업자등록을 하였고, 을은 동건물을 보증금 2억원에 월세 300만원에 임차하여 슈퍼마켓으로 사업자등록을 하였다. 또한 병은 동건물을 보증금 5천만원에 월세 150만원에 임차하여 사무실로 사용하지만 사업자등록을 하지 아니하였다.

위와같은 경우에 임차인 갑과 을, 병은 상가건물임대차보호법에 의해서 보호를 받을 수 있는가?

• 갑의 경우 : 1억원+200만원×100/1=3억원이므로 보호대상이 된다.

을의 경우 : 2억원+300만원×100/1=5억원이므로 보호대상이 되지 아니한다.

병의 경우 : 5천만원+150만원×100/1=2억원이므로 보증금액에서는 대상이 되지만 사업자등록을 하지 않아서 보호대상이 되지 아니한다.

5. 보증금액 초과 임대차에 대한 적용

상가건물임대차보호법 제2조 제1항 단서에도 불구하고 동법 제10조 제1항, 제2항, 제3항 본문, 동법 제10조의 2부터 제10조의 8까지의 규정 및 제19조는 상가건물임대차보호법 제2조 제1항 단서에 따른 보증금액을 초과하는 임대차에 대하여도 적용한다.

즉 임차인의 계약갱신요구권과 권리금에 관한 규정 및 표준계약서의 작성 등은 상가건물임대차보호법 시행령에서 규정하고 있는 보증금액을 초과하는 임대차에 대해서도 적용함으로써 임차인의 보호범위를 확장하고 있다.

권리금의 정의

1. 권리금의 개념

권리금이란 임대차 목적물인 상가건물에서 영업을 하는 자 또는 영업을 하려는 자가 영업시설·비품, 거래처, 신용, 영업상의 노하우, 상가건물의 위치에 따른 영업상의 이점 등 유형이나 무형의 재산적 가치의 양도 또는 이용대가로서 임대인 또는 임차인에게 보증금과 차임 이외에 지급하는 금전 등의 대가를 말한다.

2. 권리금 계약의 정의

상가건물임대차보호법에서 규정한 권리금 계약이란 신규임차인이 되려는 자가 기존의 임차인에게 권리금을 지급하기로 하는 계약을 말한다. 즉 기존임차인에게 신규로 임차인이 되려는 자가 기존

임차인이 설치한 영업시설이나 비품 또는 영업상의 노하우나 상가건물의 위치에 따른 영업상의 이점 등에 대하여 금전 등을 지급하기로 하는 계약을 권리금 계약이라고 한다.

권리금 계약은 임차인이 임대인에게 지급하기로 하는 임대차 계약과는 다른 개념이다. 임대차 계약은 임대인이 임차인에게 상가건물을 사용하게 하고 임차인은 그 대가로서 차임을 지급할 것을 약정함으로써 성립하는 계약이다.

반면 권리금 계약은 상가건물의 새로운 임차인이 기존의 임차인에게 시설이나 비품 또는 영업상의 노하우, 상가건물의 위치에 따르는 상권의 이점 등에 대한 재산적 가치를 양수하는 대가로서 지급하기로 하는 계약이다.

따라서 임대차 계약은 상가건물이라는 유형의 목적물에 대하여 임차인이 임대인에게 사용 또는 수익의 대가를 지급하기로 하는 계약이다. 이에 반하여, 권리금 계약은 상가건물의 양도인이 설치한 유형의 시설이나 비품에 대한 재산적 가치 뿐만 아니라 상권의 이점이나 영업상의 노하우, 고객에 대한 신용 등에 대한 무형의 재산적 가치에 대해서도 양수인이 양도인에게 금전적 대가를 지급하기로 하는 계약이다.

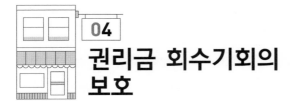

04

권리금 회수기회의 보호

상가건물임대차보호법은 기존 임차인이 새로운 임차인으로부터 권리금을 회수하는 것을 보호하는 규정을 두고 있다. 즉 동법 제10조의 4에서 임차인의 권리금 회수기회를 보호하도록 임대인에게 권리금 수수를 방해하는 행위를 하지 못하도록 규정하고 있다.

1. 권리금 회수기회의 보호규정

임대인은 임대차기간이 끝나기 3개월 전부터 임대차 종료 시까지 다음 각 호의 어느 하나에 해당하는 행위를 함으로써 권리금 계약에 따라 임차인이 주선한 신규임차인이 되려는 자로부터 권리금을 지급받는 것을 방해하여서는 아니 된다.

① 임차인이 주선한 신규임차인이 되려는 자에게 권리금을 요구

하거나 임차인이 주선한 신규임차인이 되려는 자로부터 권리금을 수수하는 행위

② 임차인이 주선한 신규임차인이 되려는 자로 하여금 임차인에게 권리금을 지급하지 못하게 하는 행위

③ 임차인이 주선한 신규임차인이 되려는 자에게 상가건물에 관한 조세, 공과금, 주변 상가건물의 차임 및 보증금, 그 밖의 부담에 따른 금액에 비추어 현저히 고액의 차임과 보증금을 요구하는 행위

④ 그 밖에 정당한 사유없이 임대인이 임차인이 주선한 신규임차인이 되려는 자와 임대차계약의 체결을 거절하는 행위

2. 권리금 회수기회 보호의 예외규정

임차인의 권리금 회수기회 보호규정은 다음과 같은 경우에는 예외로써 보호받을 수 없다. 즉 임차인이 거짓 그 밖의 부정한 방법으로 임차한 경우를 비롯하여 다음 각 호의 어느 하나에 해당하는 경우에는 임차인은 신규임차인이 되려는 자로부터 권리금을 지급받는 것을 보호받을 수 없다.

① 임차인이 3기의 차임액에 해당하는 금액에 이르도록 차임을 연체한 사실이 있는 경우

② 임차인이 거짓이나 그 밖의 부정한 방법으로 임차한 경우

③ 서로 합의하여 임대인이 임차인에게 상당한 보상을 제공한 경우

④ 임차인이 임대인의 동의없이 목적 건물의 전부 또는 일부를

전대(轉貸)한 경우

⑤ 임차인이 임차한 건물의 전부 또는 일부를 고의나 중대한 과실로 파손한 경우

⑥ 임차한 건물의 전부 또는 일부가 멸실되어 임대차의 목적을 달성하지 못할 경우

⑦ 임대인이 다음 각 사항의 어느 하나에 해당하는 사유로 목적건물의 전부 또는 대부분을 철거하거나 재건축하기 위하여 목적 건물의 점유를 회복할 필요가 있는 경우

 ㉮ 임대차계약 체결당시 공사시기 및 소요기간 등을 포함한 철거 또는 재건축 계획을 임차인에게 구체적으로 고지하고 그 계획에 따르는 경우

 ㉯ 건물이 노후·훼손 또는 일부 멸실되는 등 안전사고의 우려가 있는 경우

 ㉰ 다른 법령에 따라 철거 또는 재건축이 이루어지는 경우

⑧ 그 밖에 임차인이 임차인으로서의 의무를 현저히 위반하거나 임대차를 계속하기 어려운 중대한 사유가 있는 경우

3. 임대차계약 체결거절의 정당한 사유

임대인은 정당한 사유가 있을 경우에는 임차인이 주선한 신규임차인이 되려는 자와 임대차계약의 체결을 거절할 수 있다. 즉 다음 각 호의 어느 하나에 해당하는 경우에 임대인은 임차인이 주선한 신규임차인이 되려는 자와 임대차계약의 체결을 거절할 수 있다.

① 임차인이 주선한 신규임차인이 되려는 자가 보증금 또는 차임을 지급할 자력이 없는 경우

② 임차인이 주선한 신규임차인이 되려는 자가 임차인으로서의 의무를 위반할 우려가 있거나 그 밖에 임대차를 유지하기 어려운 상당한 사유가 있는 경우

③ 임대차 목적물인 상가건물을 1년 6개월 이상 영리목적으로 사용하지 아니한 경우

④ 임대인이 선택한 신규임차인이 임차인과 권리금 계약을 체결하고 그 권리금을 지급한 경우

4. 임대인의 손해배상 책임의무

임대인은 임대차기간이 끝나기 3개월 전부터 임대차 종료 시까지 권리금 계약에 따라 임차인이 주선한 신규임차인이 되려는 자로부터 권리금을 지급받는 것을 방해하여서는 아니된다. 만약 이를 위반하여 임차인에게 손해를 발생하게 한 때에는 임대인은 임차인이 입은 손해를 배상할 책임이 있다.

이 경우 그 손해배상액은 신규임차인이 임차인에게 지급하기로 한 권리금과 임대차 종료 당시의 권리금 중 낮은 금액을 넘지 못한다.

또한 임차인이 임대인에게 손해배상을 청구할 권리는 임대차가 종료한 날부터 3년 이내에 행사하지 아니하면 시효의 완성으로 소멸한다.

5. 임차인의 신규임차인 자력정보 제공의무

임차인은 임대인에게 임차인이 주선한 신규임차인이 되려는 자의 보증금 및 차임을 지급할 자력 또는 그 밖에 임차인으로서의 의무를 이행할 의사 및 능력에 관하여 자신이 알고 있는 정보를 제공하여야 한다.

권리금 적용의 제외사항

권리금 회수기회의 보호규정은 다음 각 호의 어느 하나에 해당하는 상가건물 임대차의 경우에는 적용하지 아니한다.

① 임대차 목적물인 상가건물이 「유통산업발전법」 제2조에 따른 대규모점포 또는 준대규모점포의 일부인 경우

• 「유통산업발전법」 제2조에 따른 대규모점포란 다음 각 호의 점포를 말한다.
  ㉮ 하나 또는 대통령령으로 정하는 둘 이상의 연접되어 있는 건물 안에 하나 또는 여러 개로 나누어 설치되는 매장일 것
  ㉯ 상시 운영되는 매장일 것
  ㉰ 매장면적의 합계가 3천제곱미터 이상일 것

• 「유통산업발전법」 제2조에 따른 준대규모점포란 다음 각 호의

어느 하나에 해당하는 점포로서 대통령령으로 정하는 것을 말한다.

㉮ 대규모점포를 경영하는 회사 또는 그 계열회사(「독점규제 및 공정거래에 관한 법률」에 따른 계열회사를 말한다)가 직영하는 점포

㉯ 「독점규제 및 공정거래에 관한 법률」에 따른 상호출자제한 기업집단의 계열회사가 직영하는 점포

㉰ 위의 가호 및 나호의 회사 또는 계열회사가 직영점형 체인사업 및 프랜차이즈형 체인사업의 형태로 운영하는 점포

② 임대차 목적물인 상가건물이 「국유재산법」에 따른 국유재산 또는 「공유재산 및 물품관리법」에 따른 공유재산인 경우

• 「국유재산법」에 따른 국유재산이란 국가의 부담, 기부채납이나 법령 또는 조약에 따라 국가 소유로 된 재산을 말한다.

• 「공유재산 및 물품관리법」에 따른 공유재산이란 지방자치단체의 부담, 기부채납이나 법령에 따라 지방자치단체 소유로 된 재산을 말한다.

상가권리금 받는 법과 상권분석

상가건물
임대차보호법상의
임차권

임차인의 대항력

1. 대항력의 의의

임대차는 그 등기가 없는 경우에도 임차인이 건물의 인도와 부가가치세법 제8조, 소득세법 제168조 또는 법인세법 제111조에 따른 사업자등록을 신청하면 그 다음 날부터 제3자에 대하여 효력이 생긴다.

대항력이란 임차인이 건물의 인도와 사업자등록을 신청하면 그 다음 날부터 임대차계약 내용을 임대인만이 아니라 누구에게도 주장할 수 있는 힘을 말한다. 즉 임대차기간, 보증금, 사용범위 등 임대차계약의 내용을 대외적으로 행사할 수 있게 된다.

예를 들면 임대차기간이 만료되거나 임차한 건물이 경매로 다른 사람에게 경락되어도 대항력을 갖출 경우 보증금을 반환받을 때까지 건물을 인도하지 않고 계속 대항할 수 있으므로 보증금 보호를 받는 효과가 있다.

2. 대항력의 내용

임차인은 건물의 인도와 사업자등록을 신청하면 그 다음날부터 대항력이 발생한다. 따라서 임차건물이 다른 사람에게 양도되어도 새로운 건물주에게 임차권을 주장하여 임대기간이 끝날 때까지 영업을 할 수 있고, 또 임대기간이 만료되어도 보증금 전액을 반환받을 때까지 건물을 비워주지 않아도 된다.

그러나 대항력은 저당권이나 압류채권자 등이 먼저 경료되어 있고, 그 후에 임차인이 건물을 인도받고 사업자등록을 신청할 경우 즉 대항요건이 저당권이나 압류채권자보다 늦게 갖추어질 경우에 이들 권리에 대하여는 효력이 없다.

① 임차권은 임차건물에 대하여 민사집행법에 따른 경매가 실시된 경우에는 그 임차건물이 매각되면 소멸한다. 다만 보증금이 전액 변제되지 아니한 대항력이 있는 임차권은 그러하지 아니하다.

② 건물의 인도일자와 사업자등록 신청일자가 같은 날이거나 인도일자가 사업자등록 신청일자보다 빠른 경우에는 사업자등록을 신청한 그 다음날부터 대항력이 발생한다. 한편 건물의 인도일자가 사업자등록 신청일자보다 늦은 경우에는 인도일자를 대항력 발생 시기로 보아야 한다.

③ 임차건물의 양수인(그 밖에 임대할 권리를 승계한 자를 포함한다)은 임대인의 지위를 승계한 것으로 본다.

대항력의 상대방이 양수인일 경우에는 특별하게 임대인의 지위를 승계한다는 특약이 없어도 당연승계로 보고 양수인은 임대기간의 보장이나 보증금반환의무 등을 지게된다. 이러한 임대차 관계의 승계를 면책적 채무인수로 볼 수 있다. 따라서 전 매도인은 임차인에 대한 채무자의 지위에서 벗어나게 된다.

임차인의
우선변제권

02

1. 우선변제권의 의의

상가건물임대차보호법 제3조 제1항의 대항요건을 갖추고 관할
세무서장으로부터 임대차계약서에 확정일자를 받은 임차인은 민사
집행법에 따른 경매 또는 국세징수법에 따른 공매시 임차건물(임대
인 소유의 대지를 포함한다)의 환가대금에서 후순위권리자나 그 밖의 채
권자보다 우선하여 보증금을 변제받을 권리가 있다.

우선변제권이란 임차인의 보호를 위하여 경매나 공매시에 후순
위권리자나 기타 채권자보다 우선하여 보증금을 변제받을 수 있는
권리이다. 이는 경제적 약자인 상가건물의 임차인을 보호하기 위
하여 채권의 물권화라는 측면에서 대단한 권리의 변동이라 할 수
있다.

2. 우선변제권의 요건

임차인이 대항요건과 임대차계약서에 확정일자를 갖추어야 한다. 임차인의 대항요건은 건물의 인도와 사업자등록 신청을 한 그 다음날부터 발생하므로 결국 임차인의 우선변제권은 다음 요건이 필요하다.

① 건물의 인도
② 사업자등록 신청
③ 관할 세무서장으로부터 임대차계약서에 확정일자

임차인이 우선변제권을 행사하려면 위의 3가지 요건을 갖추어야 한다.

임차인은 건물의 인도와 사업자등록 신청을 할 경우 그 익일부터 대항력이 발생하므로 결국 건물의 인도일자와 사업자등록 신청일자의 다음 날 및 임대차계약서상 확정일자를 비교하여 가장늦게 경료된 날짜를 기준으로 우선변제권의 효력이 발생하게 된다.

3. 우선변제권의 대상

임차인이 우선변제권을 받게되는 대상은 임차건물이 민사집행법에 의한 경매나 국세징수법에 의한 공매시 그 매각대금이다. 즉 경매나 공매시에 매각대금에서 후순위권리자 기타 채권자들보다 임차보증금을 우선해서 변제받는다.

• 민사집행법이나 국세징수법이 아닌 파산법이나 회사정리절차법 등에 의하여 채무자의 재산이 강제매각되는 경우에는 상가건물임대차보호법에 의한 우선변제권을 적용할 수 없다.

• 경매나 공매시 임차건물의 환가대금은 건물 뿐만 아니라 임대인 소유의 대지대금에도 효력이 미친다.

• 임차인이 임차건물에 대하여 보증금반환청구소송의 확정판결, 그 밖에 이에 준하는 집행권원에 의하여 경매를 신청하는 경우에는 민사집행법 제41조에도 불구하고 반대의무의 이행이나 이행의 제공을 집행개시의 요건으로 하지 아니한다.

본래 임대차계약에서 보증금반환과 건물의 인도의무는 동시이행의 관계에 있다. 임대인이 임대차기간이 만료되었음에도 보증금을 반환하지 않을 경우에 임차인은 임차건물을 임대인에게 인도하여야 임대인의 채무불이행을 원인으로 임차건물을 압류하고 경매를 신청할 수 있었다.

그러나 임차인이 자신의 보증금을 반환받고자 임차건물에 대한 경매를 신청하기 위하여 건물을 임대인에게 인도한다면 그 때부터 임차인은 대항력을 잃게된다. 이러한 불합리한 내용을 시정하여 임차인을 보호할 필요가 있게 되었다.

이에 따라 상가건물임대차보호법은 건물을 인도하지 않고 점유한 상태에서도 임차건물에 대하여 보증금반환청구소송의 확정판결 기타 이에 준하는 집행권원에 기하여 경매신청을 할 수 있게 하였다.

4. 우선변제권의 행사와 이의신청

① 우선변제권의 행사방법

임차인이 우선변제권을 행사하려면 배당요구를 하여야 한다. 임차인의 배당요구는 배당요구종기일까지 신청해야 한다. 임차인이 배당요구종기일까지 배당요구를 하지 않으면 우선변제권이 있더라도 보증금에 대하여 배당받을 수 없다. 또한 배당요구를 하였다면 배당순위에서 배당받을 수 없었던 후순위권리자를 상대로 부당이득금반환청구권을 행사할 수도 없다.

② 임차건물의 인도

임차인은 임차건물을 양수인에게 인도하지 아니하면 상가건물임대차보호법 제5조 제2항에 따른 보증금을 받을 수 없다. 즉 임차인이 경매나 공매시 환가대금에서 배당금을 받기 위해서는 먼저 임차건물을 매수인에게 인도해야 한다.

임차인은 보증금을 수령하기 위하여 임차건물을 매수인에게 인도한 증명서를 제출해야 한다. 즉 명도확인서와 매수인의 인감증명서를 제출하여야 배당금을 수령할 수 있다.

③ 우선변제권에 대한 이의신청

상가건물임대차보호법 제5조 제2항 또는 동조 제7항에 따른 우선변제의 순위와 보증금에 대하여 이의가 있는 이해관계인은 경매법원 또는 체납처분청에 이의를 신청할 수 있다.

이의신청을 받은 체납처분청은 이해관계인이 이의신청일부터 7일 이내에 임차인 또는 우선변제권을 승계한 금융기관 등을 상대로 소를 제기한 것을 증명한 때에는 그 소송이 종결될 때까지 이의가 신청된 범위에서 임차인 또는 우선변제권을 승계한 금융기관 등에 대한 보증금의 변제를 유보하고 남은 금액을 배분하여야 한다. 이 경우 유보된 보증금은 소송 결과에 따라 배분한다.

임차인의 최우선변제권

1. 최우선변제권의 의의

최우선변제권이란 임차인의 보증금이 상가건물임대차보호법 시행령에서 규정한 보증금보다 소액일 경우에 보증금중 일정금액에 대해서는 조세채권은 물론 다른 담보물권보다 그 성립시기를 따지지 아니하고 최우선적으로 변제를 받을 수 있는 권리이다.

상가건물임대차보호법은 임차인에게 보증금 중 일정액을 다른 담보물권자보다 우선하여 변제받을 권리가 있다고 하여 임차인의 최우선변제권을 규정하고 있다.

2. 최우선변제권의 요건

(1) 건물의 인도와 사업자등록신청

최우선변제권은 임차인이 건물에 대한 경매신청의 등기전에 건물의 인도와 사업자등록신청의 다음 날이라는 대항요건을 갖추어야 한다. 즉 임차인이 최우선변제권을 행사하려면 상가건물임대차보호법 제3조 제1항의 대항요건을 갖추면 족하고 임대차계약서상에 확정일자를 받아야 하는 것은 아니다.

(2) 임차보증금과 일정액의 범위

우선변제를 받을 임차인 및 보증금 중 일정액의 범위와 기준은 임대건물가액(임대인 소유의 대지가액을 포함한다)의 2분의 1 범위에서 해당 지역의 경제여건, 보증금 및 차임 등을 고려하여 대통령령으로 정한다.

이에 따라 대통령령으로 정한 보증금중 일정액의 범위와 기준은 다음 표와 같다.

상가건물임대차보호법상 소액보증금과 최우선변제금액

선순위 담보물권 설정기준일	지 역	계약금액	우선변제금액
2002. 11. 1일 이전	최우선하여 변제되는 소액보증금 없음		
2002. 11. 1일부터 2010. 7. 25일까지	서울특별시	4,500만원	1,350만원
	수도권 과밀억제권역	3,900만원	1,170만원
	광역시(인천, 군지역 제외)	3,000만원	900만원
	기타지역	2,500만원	750만원
2010. 7. 26일부터 2013. 12. 31일까지	서울특별시	5,000만원	1,500만원
	수도권 과밀억제권역	4,500만원	1,350만원
	광역시, 안산시, 용인시 김포시, 광주시	3,000만원	900만원
	기타지역	2,500만원	750만원
2014. 1. 1일부터 ~ 현재까지	서울특별시	6,500만원	2,200만원
	수도권 과밀억제권역	5,500만원	1,900만원
	광역시, 안산시, 용인시 김포시, 광주시	3,800만원	1,300만원
	기타지역	3,000만원	1,000만원

• 임차인의 보증금중 일정액이 상가건물 가액의 2분의 1을 초과하는 경우에는 상가건물 가액의 2분의 1에 해당하는 금액에 한하여 우선변제권이 있다.

• 하나의 상가건물에 임차인이 2인 이상이고, 그 각 보증금중 일정액의 합산액이 상가건물 가액의 2분의 1을 초과하는 경우에는 그 각 보증금중 일정액의 합산액에 대한 각 임차인의 보증금중 일정액

의 비율로 그 상가건물 가액의 2분의 1에 해당하는 금액을 분할한 금액을 각 임차인의 보증금중 일정액으로 본다.

• 건물가액에는 임대인 소유의 대지가액도 포함한다.

• 임차인은 상가건물임대차보호법이 시행되기 전의 담보물권자가 있는 경우에는 그 사람에게는 우선하지 못한다.

• 최우선변제되는 소액보증금의 계약금액은 월세가 있을 경우 이를 보증금으로 환산하여 총액을 기준으로 하는 환산보증금을 말한다.

(3) 임차인의 배당요구

임차인이 최우선변제를 받으려면 배당요구를 해야 한다. 배당요구는 배당요구종기일까지 신청해야 한다. 임차인이 배당요구종기일까지 배당요구를 하지 않으면 최우선변제권이 있더라도 보증금에 대하여 배당받을 수 없다. 또한 배당요구를 하였다면 배당순위에서 배당받을 수 없었던 후순위권리자를 상대로 부당이득금반환청구권을 행사할 수도 없다.

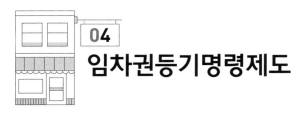

임차권등기명령제도

1. 임차권등기명령의 신청

• 임대차가 종료된 후 보증금이 반환되지 아니한 경우 임차인은 임차건물의 소재지를 관할하는 지방법원, 지방법원지원 또는 시·군 법원에 임차권등기명령을 신청할 수 있다. 임차권등기명령을 신청할 때에는 다음 각 호의 사항을 기재하여야 하며, 신청이유 및 임차권등기의 원인이 된 사실을 소명하여야 한다.

1. 신청 취지 및 이유
2. 임대차의 목적인 건물(임대차의 목적이 건물의 일부분인 경우에는 그 부분의 도면을 첨부한다)
3. 임차권등기의 원인이 된 사실(임차인이 상가건물임대차보호법 제3조 제1항에 따른 대항력을 취득하였거나 동법 제5조 제2항에 따른 우선변제권을 취득한 경우에는 그 사실)
4. 그 밖에 대법원규칙으로 정하는 사항

• 임차권등기명령 신청을 기각하는 결정에 대하여 임차인은 항고할 수 있다.

2. 임차권등기명령의 효력

• 임차권등기명령의 집행에 따른 임차권등기를 마치면 임차인은 상가건물임대차보호법 제3조 제1항에 따른 대항력과 동법 제5조 제2항에 따른 우선변제권을 취득한다.

• 임차인이 임차권등기 이전에 이미 대항력 또는 우선변제권을 취득한 경우에는 그 대항력 또는 우선변제권이 그대로 유지되며, 임차권등기 이후에는 상가건물임대차보호법 제3조 제1항의 대항요건을 상실하더라도 이미 취득한 대항력 또는 우선변제권을 상실하지 아니한다.

• 임차권등기명령의 집행에 따른 임차권등기를 마친 건물(임대차의 목적이 건물의 일부분인 경우에는 그 부분으로 한정한다)을 그 이후에 임차한 임차인은 상가건물임대차보호법 제14조에 따른 우선변제를 받을 권리가 없다.
즉 임차인이 임차권등기를 하고 다른 곳으로 이사를 한 후에, 임대인이 새로운 임차인에게 세를 준 경우에 새로 이사온 임차인은 보증금중 일정액에 해당하는 경우에도 최우선변제를 받을 수 없다.

• 임차인은 상가건물임대차보호법 제6조 제1항에 따른 임차권등기명령의 신청 및 그에 따른 임차권등기와 관련하여 든 비용을 임대인에게 청구할 수 있다.

3. 민법에 따른 임차권등기의 효력 등

• 민법 제621조에 따른 건물임대차등기의 효력에 관하여는 상가건물임대차보호법 제6조 제5항 및 제6항을 준용한다.

• 임차인이 대항력 또는 우선변제권을 갖추고 민법 제621조 제1항에 따라 임대인의 협력을 얻어 임대차등기를 신청하는 경우에는 신청서에 부동산등기법 제74조 제1호부터 제5호까지의 사항 외에 다음 각 호의 사항을 기재하여야 하며, 이를 증명할 수 있는 서면(임대차의 목적이 건물의 일부분인 경우에는 그 부분의 도면을 포함한다)을 첨부하여야 한다.

① 사업자등록을 신청한 날
② 임차건물을 점유한 날
③ 임대차계약서상의 확정일자를 받은 날

05 그 밖의 주요내용

1. 임대차기간의 보장

• 기간을 정하지 아니하거나 기간을 1년 미만으로 정한 임대차는 그 기간을 1년으로 본다. 다만 임차인은 1년 미만으로 정한 기간이 유효함을 주장할 수 있다.

즉 상가건물임대차보호법은 임대차기간을 1년 미만으로 정할 경우에도 임차인 보호를 위하여 1년간의 존속기간을 보장하고 있다. 이 제도는 임차인을 위한 제도이므로 1년 미만으로 정한 임대차계약의 경우 임차인은 계약서대로 1년 미만의 임대차기간을 주장할 수 있으나, 임대인은 최소한 1년이 되어야 임대차기간의 만료를 주장할 수 있다.

• 임대차가 종료한 경우에도 임차인이 보증금을 돌려받을 때까지는 임대차 관계는 존속하는 것으로 본다.

2. 계약의 갱신

(1) 임차인의 계약갱신요구권

• 임대인은 임차인이 임대차기간이 만료되기 6개월 전부터 1개월 전까지 사이에 계약갱신을 요구할 경우 정당한 사유 없이 거절하지 못한다. 다만 다음 각 호의 어느 하나의 경우에는 그러하지 아니하다.

1. 임차인이 3기의 차임액에 해당하는 금액에 이르도록 차임을 연체한 사실이 있는 경우
2. 임차인이 거짓이나 그 밖의 부정한 방법으로 임차한 경우
3. 서로 합의하여 임대인이 임차인에게 상당한 보상을 제공한 경우
4. 임차인이 임대인의 동의없이 목적건물의 전부 또는 일부를 전대한 경우
5. 임차인이 임차한 건물의 전부 또는 일부를 고의나 중대한 과실로 파손한 경우
6. 임차한 건물의 전부 또는 일부가 멸실되어 임대차의 목적을 달성하지 못할 경우
7. 임대인이 다음 각 목의 어느 하나에 해당하는 사유로 목적건물의 전부 또는 대부분을 철거하거나 재건축하기 위하여 목적건물의 점유를 회복할 필요가 있는 경우
   ① 임대차계약 체결 당시 공사시기 및 소요기간 등을 포함한 철거 또는 재건축 계획을 임차인에게 구체적으로 고지하고 그 계획에 따르는 경우
   ② 건물이 노후·훼손 또는 일부 멸실되는 등 안전사고의 우려가 있는 경우
   ③ 다른 법령에 따라 철거 또는 재건축이 이루어지는 경우
8. 그 밖에 임차인이 임차인으로서의 의무를 현저히 위반하거나 임대차를 계속하기 어려운 중대한 사유가 있는 경우

• 임차인의 계약갱신요구권은 최초의 임대차기간을 포함한 전체 임대차기간이 5년을 초과하지 아니하는 범위에서만 행사할 수 있다.

• 갱신되는 임대차는 전 임대차와 동일한 조건으로 다시 계약된 것으로 본다. 다만 차임과 보증금은 상가건물임대차보호법 제11조에 따른 범위에서 증감할 수 있다.

(2) 묵시적 갱신

• 임대인이 상가건물임대차보호법 제10조 제1항의 기간이내에 임차인에게 갱신거절의 통지 또는 조건변경의 통지를 하지 아니한 경우에는 그 기간이 만료된 때에 전 임대차와 동일한 조건으로 다시 임대차한 것으로 본다. 이 경우에 임대차의 존속기간은 1년으로 본다.

• 위와같은 묵시적 갱신의 경우, 임차인은 언제든지 임대인에게 계약해지의 통고를 할 수 있고, 임대인이 통고를 받은 날부터 3개월이 지나면 효력이 발생한다.

3. 차임 등의 증감청구권

• 차임 또는 보증금이 임차건물에 관한 조세, 공과금, 그 밖의 부담의 증감이나 경제사정의 변동으로 인하여 상당하지 아니하게 된 경우에는 당사자는 장래의 차임 또는 보증금에 대하여 증감을 청구할 수 있다. 그러나 증액의 경우에는 대통령령으로 정하는 기준에 따른 비율을 초과하지 못한다.

• 상가건물임대차보호법 제11조 제1항의 규정에 의한 차임 또는 보증금의 증액청구는 청구당시의 차임 또는 보증금의 100분의 9의 금액을 초과하지 못한다.

• 상가건물임대차보호법 제11조 제1항에 따른 증액청구는 임대차계약 또는 약정한 차임 등의 증액이 있은 후 1년 이내에는 하지 못한다.

4. 월차임 전환시의 산정률

• 보증금의 전부 또는 일부를 월 단위의 차임으로 전환하는 경우에는 그 전환되는 금액에 다음 각 호중 낮은 비율을 곱한 월 차임의 범위를 초과할 수 없다.

1. 은행법에 따른 은행의 대출금리 및 해당지역의 경제여건 등을 고려하여 대통령령으로 정하는 비율
2. 한국은행에서 공시한 기준금리에 대통령령으로 정하는 배수를 곱한 비율

• 상가건물임대차보호법 제12조 제1호에서 은행의 대출금리 및 해당지역의 경제여건 등을 고려하여 대통령령으로 정하는 비율이란 연 1할2푼(연 12%)을 말하며, 동조 제2호에서 한국은행에서 공시한 기준금리에 대통령령으로 정하는 배수란 4.5배를 말한다.

• 이는 상가건물 임차인의 월세부담을 경감하기 위하여 보증금을 월세로 전환할 경우에 시중전환율 등을 반영하여 고정전환율 상한인 연 12%와 한국은행에서 공시한 기준금리에 4.5배를 연동한 금리를 비교하여 둘 중에서 낮은 비율을 적용한다는 것이다.

예를 들면 한국은행에서 공시한 기준금리가 2.5%라고 하면 이의 4.5배인 연 11.25%와 고정전환율 연 12%를 비교하여 둘 중에서 낮은 금리를 적용하여 월세전환율의 상한을 연 11.25%로 한다.

5. 등록사항 등의 열람·제공

• 건물의 임대차에 이해관계가 있는 자는 건물의 소재지 관할 세무서장에게 다음 각 호의 사항의 열람 또는 제공을 요청할 수 있다. 이때 관할 세무서장은 정당한 사유없이 이를 거부할 수 없다.

1. 임대인·임차인의 성명, 주소, 주민등록번호(임대인· 임차인이 법인이거나 법인 아닌 단체인 경우에는 법인명 또는 단체명, 대표자, 법인등록번호, 본점·사업장 소재지)
2. 건물의 소재지, 임대차 목적물 및 면적
3. 사업자등록 신청일
4. 사업자등록 신청일 당시의 보증금 및 차임, 임대차기간
5. 임대차계약서상의 확정일자를 받은 날
6. 임대차계약이 변경되거나 갱신된 경우에는 변경· 갱신된 날짜, 보증금 및 차임, 임대차기간, 새로운 확정일자를 받은 날
7. 그 밖에 대통령령으로 정하는 사항

• 상가건물임대차보호법 제4조 제1항에 따른 자료의 열람 및 제공과 관련하여 필요한 사항은 대통령령으로 정한다.

입지요인과
입지선정

입지선정의 의의

1. 입지와 입지선정

입지란 주택이나 공장, 상점, 학교, 도시 등이 위치하고 있는 장소를 말하며, 입지선정(立地選定)이란 입지주체가 추구하는 입지조건을 갖춘 토지를 발견하는 것 또는 주어진 부동산에 관한 적정한 용도를 결정하는 것을 말한다.

토지는 용도가 다양하므로 용도별로 다양하게 입지를 선정할 수 있고, 또 한 가지 용도라 하더라도 목적에 따라 여러 가지 입지가 가능하다. 도시 부동산의 경우에는 입지선정에 따라 토지의 이용가치가 달라지고 이는 지가에도 영향을 미치게 된다. 특히 상업지의 입지선정은 상가점포의 고객확보와 더불어 기업의 매출액에도 직결되므로 신중을 기하여야 한다.

상업입지에 있어서 보다 좋은 입지를 선정, 구입하려면 그만큼 높은 지가를 부담하여야 한다. 높은 지가를 부담하더라도 좋은 위치를 확보하는 것이 매출액과 이익에 대한 자본 코스트면에서 유리하다고 보기 때문에 좋은 입지를 선정하려는 입지경쟁은 치열하다.

또한 입지선정을 한 후에는 많은 고정설비를 투입해야 하므로 만약에 입지를 잘못할 경우 커다란 손실을 입게 된다. 장사를 할 때 입지선정에 따라서 사업의 성패가 갈릴 수도 있으므로 특히 입지를 잘 해야 한다.

부동산은 한 번 사용되면 그 용도를 마음대로 바꾸기 어려운 비가역성(非可逆性)이라는 성질을 가지고 있으므로, 입지선정은 기업의 장기적, 전략적 차원에서 매우 중요하다.

2. 입지이론의 발달

입지이론은 주로 독일에서 연구되었다. 튀넨(J.H.von Thünen)은 그의 저서 「고립국」에서 농업입지에 관하여 기술하였다. 이후 입지론은 「도시토지가격의 원리」를 발표한 허드(R.M.Hurd)와 베버(A.Weber)의 최소비용이론, 크리스탈러(Christaller)의 중심지이론 등을 거치면서 발전하였다.

(1) 튀넨의 고립국 이론

■ 고립국 이론의 전제조건

튀넨(J.H.von Thünen)은 1826년 "국민경제와 농업경제에 있어서의 고립국"이라는 저서를 출간하였다. 이 책은 사회적 조건에 따른 농업의 공간적 배치와 입지를 결정하는 요인을 규명하였으며 농업 입지론의 효시가 되었다.

튀넨은 고립국이론에서 운송비는 거리와 비례한다고 주장하며 다음과 같은 몇 가지 가설을 설정하였다.

첫째, 고립국은 그 중앙에 하나의 소비도시를 갖고 있으며 원형으로 되어 있다. 그러나 고립국의 외부지역은 삼림이 무성하게 덮여 있으며 고립국과 외부세계와는 교역이 이루어지지 않는다.

둘째, 고립국 내부지역은 동질적인 평원으로서 어느 곳이나 환경적 요인이 동질적이다.

셋째, 고립국 내에서는 어느 방향으로 이동하여도 이동의 용이성에는 차이가 없으며, 운송비는 시장까지의 거리에 비례하여 증가한다.

넷째, 농산물에 대한 가격은 소비도시에서 결정되며 공급은 안정되어 있고, 어느 개인이나 집단의 권력행사에 의해 농산물의 가격이 변동되는 상황은 일어나지 않는다.

다섯째, 생산자인 농부는 완전한 지식을 갖고 있으며 항상 이윤을 극대화하려는 합리적인 행동을 취하는 경제인이다.

여섯째, 생산자는 그들의 상품을 시장에 팔기위해 유일한 교통수단인 우마차를 이용하되, 가장 직선 코스의 도로를 이용한다.

■ 고립국 이론과 토지이용 패턴

특정작물에 대한 시장가격이 같고 생산비가 동일하다면, 지대는 토지가 시장으로부터 떨어진 거리에 따른 운송비의 차이로 결정되며, 이 지대가 바로 입지지대이다. 이 지대로 인하여 시장까지의 거리가 가까울수록 집약적 농업이 발달되고, 시장까지의 거리가 멀어질수록 조방적 농업이 발달된다.

튀넨은 이상적인 고립국 내부지역의 토지이용 패턴을 분석한 결과, 시장을 중심으로 다음과 같은 6개의 농업지역이 연속적인 동심원 형태로 나타난다고 하였다.

㉮ 자유식 농업

자유식 농업지역은 채소를 재배하고 우유를 생산하는 원예농업과 낙농업이 집약적으로 이루어진다. 이들 생산물은 출하부터 신선도를 유지해야 하고 또한 비료공급이 용이해야 하므로 중심도시에서 가까운 곳에 입지한다.

㉯ 임업 지역

도시의 연료 및 건축재료는 목재이며, 이는 부피가 크고 무게가 무거워 중심도시에서 거리가 멀어지면 운송비가 많이든다. 따라서 임업생산물은 도시에서 자유식 농업지역 다음으로 가까운 곳에 입지한다.

㉓ 윤재식 농업

이 지역은 곡물과 사료작물을 교대로 재배하며 지력을 유지한다. 곡물로는 밀을 재배하고 사료작물의 재배로 지력소모를 막는 동시에 가축이 결합된 농업지역이다.

㉔ 곡초식 농업

이 지역은 보리, 귀리, 호밀 등을 재배하며 동시에 가축을 방목으로 사육하는 지역이다. 곡초식 농업지역은 비료의 자급을 위해 넓은 방목지를 두는 조방적 농업이 발달한다.

㉕ 삼포식 농업

삼포식 농업지역은 지력유지를 위하여 토지를 삼분하여 여름 경작지와 겨울 경작지, 휴한지를 교대로 농업경영에 도입하는 지역이다. 이 지역의 특징은 지력유지를 위하여 휴한지를 두는 것이다.

㉖ 목축 지역

이 지역은 운송비의 부담을 없애기 위하여 농업을 포기하고 조방적 목축을 경영하는 지역이다. 목축 지역은 중심도시에서 가장 멀리 떨어진 지역이다.

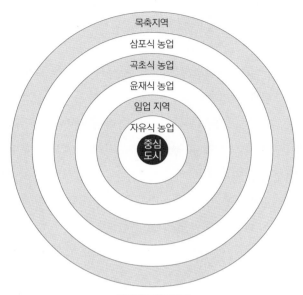

튀넨의 고립국이론

   튀넨은 중심도시에서 가장 가까운 거리에 있는 토지는 주로 상하기 쉽거나 비싼 물품 또는 가격에 비해 무겁거나 부피가 커서 수송비가 비싼 물품의 생산을 위해 이용된다고 하였다.

   중심도시에서 거리가 멀어질수록 자본투입을 크게 필요로 하지않고, 또한 넓은 토지를 필요로 하는 목축이 행해지고 있다. 예를 들면 시장에서 가장 가까운 토지는 원예작물이나 야채류 등의 자유식 농업이 발달하고, 시장에서 멀어질수록 벼나 보리와 같은 곡초식 작물이 재배되며, 시장에서 가장 원거리에는 목축업이 발달된다.

   전반적으로 보면, 시장에서 거리가 가까울수록 집약적 농업이 행해지고, 시장에서 거리가 멀어짐에 따라 토지는 조방적으로 이용된다.

■ 고립국 이론의 수정모델

튀넨은 고립국 이론을 발표한 후, 현실적 조건을 고려한 다음과
같은 수정모델을 제시하였다.

첫째, 유럽의 대도시에는 하천이나 운하를 따라서 농산물을 운반
하는 것이 마차를 이용하여 농산물을 운반하는 것보다 운송비가 저
렴하기 때문에 토지이용은 하천을 따라서 농업지역이 확대되는 것
으로 나타난다. 이에 따라 동심원으로 발달하는 토지이용 패턴은
하천을 따라 타원형으로 바뀌게 된다.

둘째, 중심도시 외에 지방에 많은 소도시가 있을 경우에는 지방
에 산재하는 소도시에서도 농산물을 공급받아야 한다. 따라서 소도
시에 인접한 농민들은 운송비를 감안하여 소도시에 농산물을 출하
하게 되며, 이럴 경우, 소도시를 중심으로 동심원적인 토지이용 패
턴을 보이게 된다.

셋째, 자연조건이 서로 다를 경우에는 지역마다 동심원적인 토지
이용 패턴은 주어진 작물의 생산비용에 따라 변형된다. 예를 들면,
토지가 비옥한 지역은 척박한 지역보다 생산비가 적게 들기 때문에
상대적으로 운송비를 더 지불할 수 있으므로 중심도시에서 더 멀리
까지 경작지역을 확장할 수 있다.

튀넨의 고립국이론은 지대와 거리, 운송비의 관계를 규명하여 농
산물에 대한 입지이론을 정립하는데 기여하였다. 하지만 지대는 운
송비 이외에도 도심에서의 인구수, 소득수준, 소비성향 등을 고려
해야 한다.

또한 교통수단의 발달은 먼 거리에 있는 농작물도 쉽게 운송할 수 있으며, 냉동저장의 발달로 농작물의 신선도 유지에도 염려가 없으므로 고립국이론을 현실에 그대로 적용하는 데는 무리가 있다.

(2) 허드의 도시토지가격이론

허드(R.M.Hurd)는 1903년 그의 저서 ≪도시토지가격의 원리(The Principle of City Land Value)≫에서 미국도시의 성장에 관한 실증적 자료를 수집하여 도시토지의 지가에 대한 연구결과를 발표하였다.

그는 입지의 중요성을 강조하면서 도시지가는 접근성에 의해서 결정된다고 하였다. 즉 지가의 바탕은 경제적 지대이고 지대는 위치에 의존하고, 위치는 편리성에 의존하며, 편리성은 가까움에 의존하므로 결국 지가는 접근성에 의해서 결정된다고 하였다.

(3) 베버의 최소비용이론

베버(Alfred Weber)는 공업의 공간적 패턴이 어떻게 형성되는가를 설명하면서 공업입지론을 체계화하였다. 그는 공장이 어디에 위치하며, 공장주는 공장을 건설할 때 어떤 요인을 가장 중요시 하는지 살펴보고 이를 바탕으로 공업입지의 원리를 규명하였다.

공업입지의 요인으로는 공장부지 확보가 용이한 곳, 교통이 편리한 곳, 용수공급이 원활한 곳, 노동력이 풍부한 곳, 노동임금이 싼 곳, 소비시장이 가까운 곳, 제품원료가 풍부한 곳 등이 있다. 이중에서 공장을 경영하는 공장주는 어떤 요인을 가장 중요시하는 것일까?

공장주는 공장을 경영하여 이익을 많이 남기려고 할 것이다. 이익을 많이 남기려면 판매가격과 생산비의 차이가 많이 나야하는데 판매가격은 무한정 올릴 수 없으므로 결국 생산비를 줄여야 한다. 생산비를 줄일려면 생산비가 적게드는 장소가 가장좋은 입지가 될 것이다.

결국 생산비를 줄이기 위해서는 운송비를 줄여야 하고, 이를 위해서는 원료산지에 가까운 곳에 공장이 입지해야 한다. 즉 베버는 비용을 줄일 수 있는 지점이 공장의 최적입지라고 하였으며 이것이 바로 최소비용이론이다.

■ 최소비용이론의 전제조건

베버는 최소비용이론을 주장하면서 다음과 같은 가정을 설정하였다.

첫째, 모든 지표는 동질적이며 수송비는 거리에 비례한다.
둘째, 수요는 주어진 가격에서 무한하며 제품의 시장가격은 일정하다.
셋째, 생산자는 이윤극대화를 위하여 노력하며 합리적인 행동을 하는 경제인이다.
넷째, 공장에서 생산을 하는데 쓰이는 기술적 수준은 일정하다.

다섯째, 노동비는 지역에 따라서 차이가 있으며 노동력은 비유동적이다.

여섯째, 원료공급지의 지리적 분포는 이미 결정되어 있으며 그 공급력은 무한하다.

일곱째, 교통로는 사통팔달로써 접근이 용이하며 교통수단도 일정하다. 또한 운송비는 거리와 중량만으로 산출된다.

■ 베버의 공업입지론

베버는 일정장소에서 경제활동이 영위될 때 발생하는 비용의 절약을 입지인자라고 하였다. 입지인자중에서 비용의 절약이 큰 항목일수록 중요한 인자에 속한다.

베버는 입지인자중에서 운송비 인자, 노동비 인자, 집적 및 분산 인자를 3대 인자라고 하였으며 이중에서 운송비 인자를 가장 중요한 인자로 보았다. 이에따라 베버는 공업입지론에서 운송지향론, 노동지향론, 집적 및 분산의 원리를 다루는 집적론으로 이론을 체계화하였다.

㈎ 운송지향론

공장은 운송비를 절약하기 위하여 원료공급지에 입지하거나 소비시장에 입지하는 경우가 있다. 그리고 원료나 시장에 구속받지 않는 곳에 입지하는 수가 있으며, 이 경우에 수송적환지(積換地)인 항구에 입지하는 것이 운송비를 절약하기 위한 대안으로 제시되었는데 이를 중간적 입지라고 한다.

ⓐ 원료지향형

원료지향형은 원료운송비가 제품운송비보다 많이 드는 경우 또는 원료가 부패하거나 변질되기 쉬운 유형의 공업이 입지하게 된다. 이러한 유형은 원료산지에서 가까울수록 운송비가 절감되는 공장으로서 시멘트공장, 농수산물 가공공장 등이 있다.

ⓑ 시장지향형

시장지향형은 완성한 제품의 운송비가 원료의 운송비보다 많이 드는 경우 또는 완성한 제품의 운송과정에서 제품이 변질되거나 파손되기 쉬운 유형의 공업이 입지하게 된다. 이러한 유형은 소비시장에서 가까울수록 운송비가 절감되는 공장으로서 제과공장, 인쇄·출판공장, 식품공장 등이 입지하게 된다.

ⓒ 수송적환지·중간적 입지형

수송적환지형은 무거운 원료나 제품을 대량으로 수송함으로써 운송비의 비중이 큰 공업 또는 원료를 해외에서 대량으로 수입하는 공업이 입지하게 된다. 이러한 유형으로는 정유공장, 석유화학공장, 제철공장 등이 있다.

⑷ 노동지향론

베버는 공장은 운송비가 최소지점에 입지하는 것이 원칙이나, 운송비의 조건이 다른 지역과 비슷하거나 운송비보다 노동비의 비중이 클 때는 노동비가 저렴한 곳을 선택하여 입지해야 한다고 하였다.

노동지향형은 값싸고 풍부한 노동력이 필요한 공업이나 생산비에서 노동비가 차지하는 비중이 큰 노동집약적 공업이 입지하며, 이러한 유형으로는 섬유공장, 신발공장, 봉제공장, 전자조립공장 등이 있다.

⑸ 집적론

집적인자란 생산이 일정한 장소에 집중함으로써 향수되는 생산 내지 판매상의 이익을 뜻한다. 여기서 집적은 공장이 서로 모여 있음으로써 생산비용을 줄이고 이익을 얻을 수 있는 경우이며 이를 집적이익이라고 한다.

공업입지에서 운송비의 조건이 같을 때에는 노동비가 싼 곳, 노동비의 조건이 같을 때에는 한 곳에 집적하여 입지하는 것이 유리하다. 즉 공업은 분산하여 입지하는 경우보다 관련 기업들이 한 장소에 집적하면 집적이익이 발생하여 경영에 유리하다.

이와같은 요인으로 공장은 운송비 최소지점에서 집적이익을 얻을 수 있는 장소로 집적하는 경우가 있다. 그러나 이러한 집적이 과도하게 진척되면 집적으로 인한 이익보다는 집적으로 인한 불이익이 더 커져서 기업은 집적장소에서 분산하게 되는 경우가 있다.

■ 최소비용이론의 비판

베버의 입지론은 오늘날에도 공업입지론의 기틀이 되고 있다. 그의 운송지향론과 노동지향론 및 집적인자와 집적이익의 개념은 공장입지를 결정할 때 많은 도움을 주고 있다.

그러나 베버의 최소비용이론은 제품수요나 원료공급의 변동을 고려하지 않았으며, 노동력을 비유동적이고 무한하다고 전제함으로써 현실과는 괴리가 있다. 또한 오늘날 교통수단의 발달은 운송비의 절약을 가져와 베버의 최소비용이론을 현실에 그대로 적용하기에는 한계가 있다.

⑷ 크리스탈러의 중심지이론

크리스탈러(Christaller)는 1933년에 독일의 남부지방을 조사한 후 ≪남부 독일의 중심≫이라는 저서를 통하여 중심지이론을 주장하였다. 그는 중심지의 분포나 크기는 일정한 법칙적인 질서에 의하여 형성되고 있다고 하여 3차 산업의 입지론을 설명하였다. 3차 산업활동을 근거로 도시의 수와 크기, 분포를 설명하는 중심지이론은 교통비의 최소화와 집적이윤의 극대화에 바탕을 두고 있다.

■ 중심지이론의 전제조건

크리스탈러는 중심지이론을 전개시키기 위해 복잡한 지표현상을 단순화시킨 균등한 공간으로 가정하면서 다음과 같은 조건을 설정하였다.

첫째, 인구는 균등히 분포되어 있고 모든 방향에서 접근이 가능하며 운송수단은 단일하다. 운송비는 거리에 비례하므로 교통의 편리도가 같은 등질평면이다.

둘째, 모든 소비자는 소득과 재화 및 용역에 대한 수요가 동일하다. 즉 구매력이 같은 인구가 균등 분포하고 있다.

셋째, 소비자들은 가장 가까운 중심지에서만 상품을 구매하며 소비자가 중심지까지 오는 거리는 가장 짧아야 한다. 이는 운송비는 거리에 비례하기 때문에 최근린 중심지를 가정하기 위함이다.

넷째, 어떠한 지역도 중심지로부터 서비스를 못 받는 곳은 없으며, 어떠한 중심지도 초과이윤획득은 불가능하나 정상이윤획득은 가능하다.

■ 중심지기능과 계층구조

중심지 기능이란 배후지역에 재화와 서비스를 제공하는 기능으로 이러한 기능을 갖춘 공간을 중심지라고 하며, 그 중심지로부터 재화와 서비스를 제공받는 지역을 배후지라고 한다.

일반적으로 모든 도시에는 중심지 기능이 있다. 중심지 기능이란 도소매업, 교통, 금융, 교육, 행정 등과 같은 3차 산업의 기능을 뜻한다. 결국 중심지 이론은 이러한 중심지 기능들이 어떻게 입지하는가를 설명하는 이론이다. 이들 중심지 기능은 소비자로부터 가까이 있으려 하며 소비자의 수요가 입지결정에 가장 큰 영향을 미친다.

중심지가 공급하는 재화와 서비스의 유형에 따라 중심지들은 계층구조를 띠게 된다. 소규모의 중심지는 기능적으로 하위의 단계에 있고 배후지역도 좁으며, 상위의 중심지의 지배하에 놓여있다. 이 상위중심지는 다시 기능적이나 규모적으로 보다 상위의 중심지에 통합되고, 최종적으로는 최상위의 중심지에 결합된다.

즉 중심지의 기능상 차이 때문에 상위중심지와 하위중심지가 존재하며 상위중심지는 하위중심지가 제공하는 기능은 물론이고 제공하지 않는 어떤 다른 기능도 제공하게 된다.

■ 최소 수요수준

재화와 서비스를 제공하는 중심지가 그 기능을 유지하며 계속 존재하기 위해서는 중심 기능에 대한 이윤이 발생될 수 있는 최소한의 수요가 요구된다. 상점이 손해를 보지않고 이윤을 발생시키는 최소한의 수요를 최소 수요수준이라고 한다.

중심 기능의 차이에 따라 최소 요구치의 규모는 다르게 나타난다. 통상적으로 상점으로 입지하기 위해서는 상품의 도달범위가 최소 수요수준보다 멀어야 한다.

■ 재화의 도달범위

중심지로부터 거리가 멀어짐에 따라 운송비가 많이 나오므로 중심지 기능은 공간상에서 무제한 공급될 수는 없다. 또한 소비자 입장에서도 중심지로부터 거리가 멀어지면 중심지 기능을 공급받는데 드는 교통비가 증가하게 되어 수요는 줄어들게 된다.

결국 어느 지점에 이르러서는 수요가 발생하지 않는다. 바로 이와같이 수요가 발생하지 않는 지점, 즉 상품의 판매량 또는 수요가 "0"이 되는 지점을 재화의 도달범위라고 한다. 재화의 도달범위는 중심지가 수행하는 기능이 중심지로부터 미치는 한계거리를 뜻하며, 이 한계지역이 중심지의 배후지에 해당하는 공간이다.

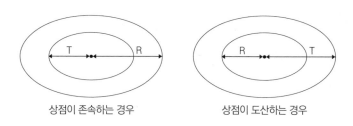

상점이 존속하는 경우   상점이 도산하는 경우

위의 그림에서 R은 재화의 도달범위를 말하고, T는 상점이 손해를 보지않고 이윤을 발생시키는 최소한의 수요인 최소 수요수준을 말한다. 왼쪽 그림의 R 〉 T 일 경우에는 상점이 존속하는 경우이다. 즉 최소 수요수준보다 재화의 도달범위가 큰 경우에는 상점이 유지될 수가 있다. 반면 오른쪽 그림의 T 〉 R 일 경우에는 상점이 도산하는 경우이다. 즉 최소 수요수준보다 재화의 도달범위가 작은 경우에는 기업이 유지되지 않고 도산하게 된다.

02
상업지의 입지요인

상업지의 입지요인은 상가점포의 입지를 결정하고자 할 때 고려
해야 하는 장소적 적합성이라고 할 수 있다. 상가의 위치를 결정하
는 입지요인에는 매출에 영향을 미치는 배후지의 인구나 소득수준
등과 같은 지역요인과 개별획지의 모양이나 접면가로의 관계 등과
같은 개별요인이 있다.

1. 지역요인

⑴ 배후지의 조건

상업활동은 고객을 대상으로 하므로 고객이 존재하는 배후지는
중요한 입지조건이 된다. 상가의 매상고는 배후지의 인구, 면적, 소
득수준, 소비성향, 고객의 질과 양, 고객의 구매력에 따라서 영향을

받는다.

　또한 배후지의 고객이 아무리 많아도 유효수요가 적으면 매출은 줄어들게 되고, 유효수요가 많아도 고객의 기호와 소비성향에 따라서 영업실적은 영향을 받게된다. 따라서 상업지의 입지요인에서 고객의 양이나 질과 같은 배후조건은 대단히 중요한 요인이다.

　⑵ 교통수단의 상태

　상업지는 영업활동을 통하여 매출을 올려야 하며 이를 위해서는 고객의 접근성이 좋아야 한다. 배후지의 인구가 아무리 많고 소득수준이 높더라도 도로가 차단되어 있거나, 목표지점인 상가점포에 도달하는 교통수단이 발달되어 있지 않으면 고객을 흡인할 수 없다. 따라서 고객의 접근성에 영향을 미치는 교통수단이 어떤 것이냐의 문제가 중요하다.

　시내 중심가에 자리잡은 백화점이 넓은 주차장을 확보하고 필요한 주차인원을 배치한 것은 자가용을 이용하는 고객의 주차편의를 위한 것이다. 아울러 대중교통을 이용하는 고객을 위하여 셔틀버스를 운행하는 것도 교통수단의 중요성이 증대하기 때문이다.

　오늘날에는 시내중심가 뿐만 아니라 교통수단이 잘 발달되어 있는 교외에도 활발하게 상가점포가 늘어나는 추세이다. 미국 등의 선진국에서는 교외에 쇼핑센터나 아웃도어 매장이 개설되어 고객을 유인하고 있다. 우리나라도 근래에 교외에 아웃도어 매장을 개장하여 자가용 고객들에게 다양한 상품을 판매하고 있다.

교외에 개설하는 아웃도어 매장이나 쇼핑센터는 도심지에 비해 지가가 낮으므로 그 만큼 제품의 판매가를 낮추거나 양질의 서비스를 제공할 수 있다. 이는 도심지에 비해 가격경쟁력에서 우위를 차지하게 되어 고객을 유인하는 요인이 된다.

(3) 영업의 종류 및 경쟁상태

상업지역에 있어서 어떤 종류의 영업이 그 지역의 주체가 되어 있는가의 문제는 대상지역의 수익성을 판단하는데 유익하다. 예컨대 동업종의 점포가 서로 한 곳에 모여서 입지하는 집재성 점포의 유형은 동일한 지역에 모여 있어야 고객을 유인하는데 유리하다. 이런 유형에 속하는 점포로는 가구점이나 전자제품, 기계공구점 등이 있다.

우리나라 용산 전자상가에는 전자제품이 끝없이 펼쳐져 있으며, 을지로 가구거리에는 사무용 가구가 모여 있다. 또한 구로구 기계공구 단지에는 각종 기계공구가 같이 모여있는 것도 고객을 유인하는 요인이 된다.

아울러 해당 점포의 경쟁상태도 고객확보나 매출에 영향을 미치므로 분석해야 한다. 즉 경쟁점포의 면적이나 위치, 고객유형, 매출실적 등도 분석하여 종합적으로 지역분석을 해야 한다.

경쟁이 과도한 지역에서 살아남으려면 제품단가를 낮추거나 서비스 제공에 지나친 비용이 지출되며, 이는 점포의 수익성을 떨어뜨리는 요인이 된다. 또한 해당 점포의 인근에 새로운 대규모의 점포가 나타나면 종래의 배후지를 차단하여 기존 점포의 매출에 타격을 주기도 한다.

⑷ 번영의 정도 및 성쇠의 상태

상업지역의 번영정도와 성쇠의 상태가 지역 사이클면에서 어떤 국면에 있는가는 매우 중요하다. 상업지역의 번영상태는 사이클 패턴을 보이는데 이런 지역 사이클은 성장기, 성숙기, 쇠퇴기, 천이기, 악화기 등과 같이 5단계로 나타나는 것이 일반적이다. 하지만 지역 사이클도 해당 지역 경영자의 창의와 노력 또는 개발정책이나 환경에 따라 유동적으로 바뀔 수 있다.

성장기라 함은 어떤 지역이 새로 개발되거나 과거부터 존재한 건물이 새로운 건물로 재개발됨으로써 지역의 면모가 달라지기 시작하는 시기이다. 이 시기에는 지가의 상승이 비교적 활발하고 새로운 점포가 입점하거나 신규투자가 활발하게 진행되는 단계이다.

성숙기는 지역의 개발이 진행됨에 따라서 점차 안정되어 가는 단계이다. 성숙기에 이르면 부동산의 가격이나 지역기능은 절정(Peak)에 이르게 되어 고객도 북적이고 영업매출도 최고조에 달하게 된다.

쇠퇴기는 시간의 흐름에 따라 정도의 차이는 있으나 건물은 점차 노후화되고 고객수도 줄어들며 영업매출도 떨어지는 시기이다. 건물의 물리적 내용년수도 경과하지만 쇠퇴기는 주로 경제적 내용년수가 경과하는 현상으로 파악된다.

지역 사이클은 이와같이 성장기에서 성숙기를 거쳐 쇠퇴기로 진행되는 것이 일반적이다. 쇠퇴기 이후에는 천이기와 악화기를 거치게 되며, 이 시기에는 상권의 기능이 저하되므로 새롭게 상가개발을 추진하든지 아니면 다른 곳으로 이전하는 것을 고려해야 한다.

2. 개별요인

(1) 획지의 면적이나 형상, 접면너비

상업지는 개별획지의 면적이나 형상, 접면너비에 따라 고객의 접근성이나 매출에 영향을 미치게된다. 획지의 면적은 상가건물의 유형에 따라 적절한 규모가 좋으나, 지가가 높은 상업지역에서는 면적이 작아도 유용성이 높을 수 있다. 하지만 건축허가 등을 위한 최소한도의 면적은 필요하다.

획지의 형상은 사다리형이나 자루형보다는 사각형이 좋으며, 사각형도 정방형보다는 장방형이 활용도 측면에서 유리한 경우가 많다. 접면너비는 넓을수록 매장진열이나 점두광고에서 유리하여 고객을 유인하는 효과가 크다.

(2) 획지의 고저와 접면가로와의 관계

개별획지가 가로보다 낮으면 고객의 접근성을 나쁘게 하므로 마이너스 요인이 된다. 가로보다 낮은 것보다는 오히려 높은 것이 유리하나, 너무 높으면 고객의 접근성을 차단하게 되므로 역효과를 불러올 수 있다.

연구결과에 의하면 백화점에서 어린아이를 잃어버렸을 때, 같은 층에서 아이를 찾다가 없으면 아래 층보다는 위층에서 아이를 찾는 확률이 높다고 한다. 이는 아이들도 엄마를 잃어버렸을 때, 엄마를 찾기 위하여 본능적으로 아래층으로 내려가는 것보다는 위층으로 올라가는 경우가 많다고 한다.

따라서 획지의 높이는 가로에서 낮은 것보다는 높은 것이 좋으나, 가장 바람직한 높이는 가로와 같은 높이의 획지가 고객의 접근성에서 가장 유리하다.

개별획지는 접면가로를 통하여 고객이 접근하기 때문에 접면가로와의 관계가 중요하다. 접면가로의 상태가 좋으면 고객이 접근하기에 유리하므로 높게 평가되고, 접면가로의 상태가 나쁘면 고객이 접근하기를 꺼려하므로 낮게 평가된다. 예를 들면 개별획지의 접면가로가 번화하고 유동인구가 많으면 집객력이 양호하므로 매출신장에 도움이 되며 좋은 조건의 점포로 평가된다.

(3) 가로의 구조와 계통 등의 상태

가로의 구조는 커브를 이룬 가로일 경우에는 커브 안쪽에 위치하는 획지가 바깥쪽에 위치하는 획지보다 접근성에서 유리하다. 역이나 정류장을 향하는 가로는 우측에 있는 획지가 좌측에 있는 획지보다 유리하다.

우리나라는 차량운행도 우측통행이고 보행자 통행도 우측보행이며, 통상적으로 역이나 정류장을 이용할 때에는 역이나 정류장으로 갈 때 필요한 물건을 사므로 우측에 있는 점포가 매출면에서 유리하기 때문이다.

가로가 비탈길이면 상부에 있는 획지보다는 하부에 있는 획지가 고객의 접근성에서 유리하다. 가로의 계통도 전철역이나 항구와 같이 인구를 흡인하는 도로는 상권이 발달하며 매출도 높은 편이다.

가로의 폭은 너무 좁아도 접근성에서 불편하므로 지나치게 좁지 않는 것이 유리하다. 하지만 세종대로 처럼 너무 넓어도 한 쪽 면만 이용하는 고객을 대상으로 하기 때문에 반대편을 이용하는 고객의 접근성을 차단하여 소규모 점포일 경우에는 매출에서 불리하다.

세종대로는 우리나라에서 가장 넓은 도로이며 길이 0.6㎞, 너비는 100m에 이른다. 세종대로 양편에는 교보빌딩, 세종문화회관, 정부중앙청사 등의 문화와 행정의 중심 건물들이 밀집해 있다. 따라서 이런 넓은 도로에는 대형빌딩이 들어서는 것이 바람직하며 중소규모의 상가점포가 입점하기에는 적합하지 않다.

⑷ 번화가에의 접근성

상업지는 고객에게 상품을 판매하여 매출을 올리는 것이 중요하므로 번화가에의 접근성이 중요하다. 아무리 좋은 형상의 넓은 면적을 가진 획지라도 번화가에서 멀리 떨어진 한적한 곳에 위치하면 상업지로서 제 역할을 하지 못한다. 반대로 좁은 면적이라도 번화가에 근접하거나 번화가내에 위치하면 많은 고객을 유인하여 높은 매출을 올릴 수 있으므로 높은 평가를 받는다.

번화가와의 접근성은 단순히 거리의 멀고 가까움에 대한 개념과는 구별된다. 비록 번화가에 가까이 있는 상업지라도 개별획지와 번화가 사이에 철길이 있으면 교통이 차단되어 접근성은 어렵게 된다.

또한 개별획지와 번화가 사이에 슬럼가가 형성되어 있어도 고객의 접근성을 어렵게 하는 요인이 된다. 따라서 접근성은 거리 개념보다는 순수하게 고객의 입장에서 쉽게 번화가에 다가갈 수 있는가의 개념으로 파악해야 한다.

(5) 고객의 통행패턴과 적합성

상업지는 고객의 통행패턴에 따라서 평가가 다르며 입점해있는 상가점포의 영업전략도 달라진다. 즉 도보를 이용하는 고객인지 자동차를 이용하는 고객인지 버스나 지하철과 같은 대중교통을 이용하는 고객인지에 따라서 상업지의 평가가 달라진다.

도보를 이용하는 고객은 많은 물건을 들 수 없기 때문에 잡화점이나 의류점, 어물점, 약국, 서점, 음식점 등과 같은 근린생활시설을 대상으로 하는 편의품점이 유리하다.

자동차를 이용하는 고객은 한꺼번에 많은 물건을 승용차 드렁크에 실을 수 있기 때문에 한 번 쇼핑을 해도 많은 양을 구매할 수 있다. 따라서 자동차 이용고객을 대상으로 하는 점포는 주차장을 넓게 확보하고 주차편의를 원활하게 하여 고객을 유인하고 있다. 이러한 유형의 상업지에는 도심지에 있는 백화점이나 대형 할인매장 등이 입점하고 있다.

버스나 지하철과 같은 대중교통을 이용하는 고객은 편리한 교통여건을 이용하여 원하는 물건을 쉽게 구입할 수 있다. 이런 유형의 상업지는 전자제품이나 의류점, 금은보석이나 카메라 등과 같은 점포가 입점하기에 적당하다. 예를 들면 용산 전자상가나 종로3가 세운상가의 전자제품 매장과 동대문시장이나 남대문시장의 의류매장과 같은 유형의 점포가 들어선다.

한편 개별획지 앞에 있는 도로의 유동인구도 상업지의 유용성 측면에서 중요하다. 도로의 유동인구가 많으면 상업지의 가치는 증대되고, 도로의 유동인구가 적으면 유용성은 저하된다.

일반적으로 개별획지 앞의 유동인구가 하루에 5천명 내지 6천명이 되거나, 보행자와 자동차 교통인구를 합한 인구가 하루에 1만명 내지 1만2천명이 되면 상업지로서의 가치는 높다.

하지만 상업지로서의 필요한 유동인구는 단순한 통과인구가 아닌 고객이 될 수 있는 인구여야 한다. 예를 들면 고속도로의 자동차 인구는 많지만 통과인구이기 때문에 고속도로 옆에 있는 개별획지는 상업지로서의 역할을 하지 못한다.

03 상권의 유형과 특징

1. 상권의 의의(意義)

상권이란 상가점포의 세력이 미치는 범위로써 고객을 흡인하는 지리적 영역이라고 할 수 있다. 즉 상권이란 상품이나 서비스를 판매하고 배달하는 상거래가 빈번하게 일어나는 공간을 말한다.

상권은 고객이 재화나 서비스를 구입하며 경제활동에 필요한 생활편익을 얻을 수 있는 소비자의 행동공간이다. 그 범위 안에서 소비자들은 편익을 향수하고 생산자와 유통업체는 기업목표를 달성한다. 이와같이 상권은 상품의 유통이나 거래가 일어나는 지리적 공간이라고 하지만 현실적으로 상권의 공간적 경계를 명확히 구분하기는 어렵다.

상권의 개념도 전자상거래의 등장과 더불어 온라인, 오프라인의 접목을 시도하는 영업방식의 활성화로 변화를 거듭하고 있다. 즉 전통적으로 상가점포의 세력이 미치는 지리적 영역을 상권이라고 한다면, 전자상거래의 등장은 지리적 영역을 벗어나서 지구촌을 하나의 단일시장으로 바꾸어 놓고 있다.

2014년 미국 뉴욕증권거래소에 상장한 알리바바의 시장점유율은 가히 놀랄만하다. 현재 알리바바는 중국 전자상거래 시장의 약 80%의 점유율을 차지하고 있으며, 이제는 중국 뿐만 아니라 지구촌 전체를 고객으로 만들어가고 있다. 이와같이 전자상거래의 발달은 상품이나 서비스의 판매는 물론 배송이나 물류면에서도 전통적 상권의 개념을 통째로 바꾸고 있다. 또한 교통의 발달은 교외지역에 대형 쇼핑센터를 건설하게 하여 물류비용의 절약과 도심의 고지가에 대한 대안으로 떠오르고 있다. 아무튼 상권은 이제 새로운 개념으로 등장하고 있는 것이 사실이다. 그럼에도 불구하고 여전히 상권은 우리의 경제생활과 밀접하게 관련되어 있으며 앞으로도 생산자나 소비자에게 중요한 역할을 할 것이다.

2. 상권의 유형과 특징

상권은 여러 가지 기준에 따라서 다양하게 분류할 수 있다. 먼저 상가로부터 지리적 거리에 따라서 1차 상권, 2차 상권, 3차 상권으로 구분할 수 있다.

한편 소비자의 구매력이 미치는 흡인력을 기준으로 1차 상권, 2차 상권, 주변상권으로 분류하기도 한다. 또한 상가의 위치에 따라 도심권 상권, 역세권 상권, 주택가 상권, 학원가 상권, 오피스 상권으로 구분할 수 있다.

(1) 거리에 따른 분류

통상적으로 상가점포가 위치한 지점에서 지리적 거리에 따라 1차 상권, 2차 상권, 3차 상권으로 분류하고 있다.

1차 상권이란 상가점포가 위치한 지점에서 반경 500m 내의 지리적 공간을 의미한다. 일반적인 상가점포의 경우에 1차 상권은 매출의 60~70%를 차지하는 고객이 거주하는 지역이라고 할 수 있다. 따라서 1차 상권을 타깃으로 영업을 하려면 이 지역내에 거주하는 고객들의 연령이나 기호, 소비성향, 경쟁점포의 위치나 개수 등을 분석하고 입점해야 한다.

2차 상권은 상가점포가 위치한 지점에서 1차 상권의 외곽지역부터 반경 1㎞ 내의 지리적 공간을 의미한다. 2차 상권은 상가점포의 매출규모에서 20~30%를 차지하는 고객이 거주하는 지역이라고 할 수 있다.

3차 상권은 상가점포가 있는 지점에서 1㎞ 밖에 위치한 2차 상권의 외곽지역을 의미한다. 3차 상권은 상가점포의 매출규모에서 10% 이내를 차지하는 고객이 거주하는 지역이라고 할 수 있다. 따라서 상가점포의 매출규모에서 차지하는 비율은 매우 낮으며 거리가 멀기 때문에 워킹 고객이 아닌 차량을 이용하는 고객이어야 매출을 올릴 수 있다.

(2) 흡인력에 따른 분류

상권을 소비자의 구매력이 미치는 흡인력을 기준으로 1차 상권, 2차 상권, 주변상권으로 분류하기도 한다. 흡인력이란 상가점포에서 고객을 끌어들이는 힘을 말하는 것으로, 구체적으로 상가의 매출을 올릴 수 있는 구매력이 미치는 범위를 의미한다.

흡인력에 따른 분류는 상가점포가 위치한 지리적 거리보다는 실제로 매출을 올리는 구매력을 기준으로 하기 때문에 매출비중이 크게 작용하는 구분방법이다. 여기서 1차 상권은 상가점포 매출의 70~80%를 차지하는 고객이 거주하는 상권범위를 말하는데 상가점포에 가장 근접해 있는 지역이다.

2차 상권은 상가점포 매출의 15~25%를 차지하는 고객이 거주하는 상권범위로서 1차상권의 외곽에 위치하는 지역이다. 2차 상권은 매출도 1차 상권에 비하여 떨어지며 유동인구도 적은 편이다. 하지만 1차 상권에 비해 저렴한 임대료와 고정비용으로 초기 투자금액이 적을 경우 고려해 볼만하다.

주변상권은 1차 상권과 2차 상권의 매출고객을 제외한 나머지 고객을 포괄하는 상권범위로써 고객은 분산되어 있으며 흡인력은 매우 낮다. 통상적으로 상가점포의 매출중에서 5~10%의 매출을 올리는 고객이 거주하는 지역이다.

(3) 위치에 따른 분류

상가는 지리적 위치에 따라 도심권 상권과 역세권 상권, 주택가 상권, 학원가 상권, 오피스 상권으로 구분할 수 있다.

도심권 상권은 시내중심가에 위치하여 지하철이나 버스 등과 같은 대중교통이 발달되어 있고 주요 간선도로와의 연계망도 좋아 고객의 유입이 편리하다. 또한 백화점, 쇼핑센터, 극장과 같은 집객시설이나 오피스 빌딩이 밀집되어 주변지역으로부터 상시적으로 인구유입이 용이한 상권이다.

도심권 상권을 예로 들면, 남대문 상권, 동대문 상권, 명동상권, 강남상권 등과 같은 대형 상권을 들 수 있다. 이들 상권은 흡인력도 크고 상권의 범위도 넓어서 인구유입이 많고 체류시간도 긴 것이 특징이다. 대부분 쇼핑만이 아니라 고객과의 상담, 유흥접객, 영화관람 등의 문화활동도 동시에 이루어지고 있다.

오늘날 도심권 상권은 인근지역이나 주변지역의 고객 뿐만이 아니라 외국 바이어들과 중국의 관광객, 일본 관광객을 비롯한 수많은 관광객들의 여행상품 관광코너로 매출을 올리는 특수를 누리고 있다.

다음으로 역세권 상권은 지하철이나 KTX역, 철도역 등과 같은 역을 중심으로 형성된 상권이다. 역세권 상권은 도심권 상권처럼 넓지는 않지만 역을 이용하는 고객들이 편리하게 이용할 수 있는 식사와 휴식공간, 의류매장 등을 중심으로 발달되어 있다.

역세권 상권도 단일 역세권보다는 환승역과 같은 지하철이 교차하는 역세권은 상권의 범위도 넓고 이용고객도 많다. 특히 역주변의 대학상권과 결합된 역세권 상권은 젊은 층의 고객을 흡인하는 음식점이나 유흥시설, 여가선용 등의 상가점포가 활발하게 형성되어 있다.

주택가 상권은 아파트나 연립·빌라, 단독주택과 같은 주거용 건물에 입주하고 있는 주민을 대상으로 형성된 상권이다. 특히 아파트 단지를 대상으로 형성된 상권은 단지인구가 상가의 배후세력이 되므로 단지규모에 따라서 상권의 범위가 결정된다.

대단지 아파트일 경우에는 상권범위도 넓고 입점하는 상가업종도 다양하게 형성될 수 있지만, 소규모 단지의 아파트일 경우에는 상권범위도 협소하며 업종도 미용실이나 부동산 중개업과 같은 필요한 업종위주로 발달한다. 왜냐하면 아파트를 대상으로 하는 상권은 아파트 주민이나 방문객 이외에는 더 이상의 수요창출을 기대하기 어려우므로 아파트 주민의 생활에 직접적으로 관련된 물품을 취급하는 업종이 형성되는 것이 특징이다.

주택가 상권중에서 연립이나 빌라, 단독주택에 입주하고 있는 주민을 대상으로 형성된 상권은 일상에서 가장많이 이용하며 쉽게 접하지만 유동인구가 많지 않은 상권이다.

주택가 상권은 주민들이 많이 이용하는 도로를 중심으로 상권의 활성화 정도가 구분되므로 지형의 상태가 상권에 영향을 미치게 된다. 또한 주택가 주변의 버스정류장이나 재래시장의 입구 등에 따라 상권의 규모가 달라진다.

학원가 상권은 주된 고객이 대학생이나 재수생, 또는 자격증을 준비하는 학생들을 중심으로 형성된 상권이다. 이중에서 대학생을 대상으로 하는 대학가 상권은 범위도 상당히 넓고 업종도 의류매장이나 화장품, 이동통신업, 음식점, 유흥주점, 서점이나 인쇄업 등과 같이 다양한 업종이 활발하게 형성된다. 대표적으로 서울대 상권이나 연세대, 이화여대, 성신여대 상권 등은 인근의 지하철역과 연계하여 활발한 영업을 하고 있다.

재수생이나 자격증을 준비하는 고시생 위주의 학원가 상권은 주된 고객이 소비의 제약이 많은 청소년이다. 따라서 상권의 규모가 크지않고 업종도 학생들이 주로 먹고 휴식을 취할 수 있는 음식점이나 편의점 위주로 형성된다.

오피스 상권은 주된 고객이 이십대 후반부터 사·오십대까지의 직장인을 대상으로 영업하는 업종이 형성되어 있다. 따라서 음식점이나 커피숍, 유흥업종, 휴게텔, 이동통신업 등의 비율이 높은 상권이다. 오피스 상권은 점심시간이나 저녁시간 대에는 유동인구가 폭발적으로 증가하며, 이들을 대상으로 음식점 영업이 활황을 이루고 있다.

오피스 상권은 주중에는 직장인을 배후세력으로 고객을 흡인하지만 주말에는 상주인구가 줄어들어 매출이 줄어들므로 이에 따라 주말에는 휴업을 하는 상가점포가 늘어나는 추세이다. 오피스 상권의 예를 들면, 여의도 상권, 강남역 상권, 세종로 상권 등이 있다.

상권결정의 요소

상권은 여러 가지 요인들이 복합적으로 작용하여 형성된다. 이러한 요인에는 상가에 유입되는 유동인구, 교통여건, 주변환경 등과 같은 환경적 요인과, 영업하는 업종이나 사업장의 규모, 경영주의 경영전략 등과 같은 개별적 요인이 있다. 이들 상권을 결정하는 요소들을 차례로 살펴보면 다음과 같다.

1. 유동인구

상권은 장사를 하여 영업이익을 올리는 것이 목표이므로 상가에 유입하는 고객이 많아야 한다. 바로 상권의 배후세력인 유동인구의 질과 량은 상권의 범위를 결정하는 핵심요소가 된다.

유동인구는 구성별로 남·여로 구분하는 것이 일반적이다. 연령별로는 10대와 20대 청소년을 대상으로 할 것인가, 아니면 30대와 40

대의 결혼연령층을 포함한 장년층을 대상으로 할 것인가, 50대와 60 대의 안정적인 가정을 꾸민 장년층을 대상으로 할 것인가, 70대 이상의 노년층을 대상으로 할 것인가로 구분한다. 이들을 대상으로 마케팅 전략이 달라지며, 이에 따른 상권의 결정에도 영향을 미친다.

유동인구가 대학생이 주가 되는 상권은 젊은 층에 맞는 취향의 마케팅 전략을 세워야 하고, 학원생을 대상으로 하는 상권은 먹는 것 위주의 음식점이나 편의점이 들어서야 성공할 수 있다.

반면 유동인구가 직장인이 주가 되는 상권은 요식업이나 위락시설 위주의 영업전략이 필요하며, 아파트나 주택가를 배후세력으로 하는 주부가 주된 고객이라면 미용실, 식료품, 커피숍, 여성의류 매장 등의 상권이 들어서야 한다.

한편 지하철 개통이나 관공서의 이전은 유동인구의 흐름을 변하게 하는 요인이 되며, 상권의 중심축도 이에 따라 변하게 된다. 결국 유동인구의 구성과 흐름은 상권결정에 중요한 요소가 된다.

2. 교통여건

교통여건은 상권을 결정하는 중요한 요소가 된다. 지하철역이나 철도역이 새로 생기는 곳에는 어김없이 상가부터 준비하여 개점하는 것을 보게되는데 이는 대중교통을 이용하는 고객을 타깃으로 상권이 형성되기 때문이다.

나아가 교통량이 많은 곳은 상권의 범위도 넓어지고, 교통량이 적은 곳은 상권의 범위도 좁아진다. 이러한 현상도 역시 교통량과 상권과의 매개관계를 보여주는 단면이다.

도심권 상권은 지하철이나 도로가 잘 발달되어 주변의 각 지역에서 밀려드는 고객들로 인하여 다양한 업종이 활발하게 영업을 한다. 반면에 부도심권 상권은 교통여건에 따라 상권의 범위와 업종도 제한적일 수 밖에 없다. 이와같이 교통여건은 인체의 혈관과도 같이 상가점포에 고객을 유입하는 이동통로가 되므로 상권결정의 핵심요소가 된다.

오늘날은 도심권의 외곽지역에 대형 할인매장이나 의류매장 또는 카페촌이 발달하기도 하는데 이는 자가용 이용객들의 여가선용과 쇼핑을 위한 전략이다. 결국 교통수단의 발달은 상권이동을 가능하게 하는 요인이 된다.

3. 영업의 업종

영업하는 업종에 따라서 상권의 형태와 규모가 다르게 나타난다. 예를 들면 한식이나 중식, 일식을 위주로 하는 음식점은 식당가 상권이 들어서고, 남성의류나 여성의류, 신발제품, 란제리, 가죽제품을 판매하는 업종은 의류상권이 들어선다.

약재상과 한의원이 밀집해 있는 지역은 약재상권이 들어선다. 예를 들면 경동시장 약재상권은 국산은 물론이고 수입약재도 다양하게 갖추어서 고객을 유인하고 있다.

규모면에서 살펴보면, 식당가 상권은 인근지역이나 주변지역의 고객을 타깃으로 하기 때문에 그 범위가 제한적일 수 밖에 없다. 반면 의류상권은 인근지역 고객을 대상으로 하는 경우에는 그 범위가 제한적이다.

하지만 남대문 의류상가나 동대문 종합시장과 같은 의류상권은 인근지역이나 주변지역 뿐만 아니라 전국에서 몰려오는 소매상이나 고객들로 인하여 지역상권을 넘어서 전국상권이라고 할 수 있다.

우리나라는 통계청에서 한국표준산업분류를 정하여 산업활동을 그 유사성에 따라 체계적으로 유형화하고 있다. 분류구조는 대분류와 중분류, 소분류, 세분류, 세세분류의 5단계로 구성된다.

한국표준산업분류에서 산업별로 분류한 내용중에서 상가의 영업활동과 관련된 업종을 중심으로 대분류와 중분류, 소분류 및 세분류를 기준으로 살펴보면 다음과 같다.

한국표준산업분류에서 상권위주로 재구성한 영업의 업종분류표[1]

대분류	중분류	소분류 및 세분류
도매 및 소매업	자동차, 부품판매업	자동차 판매업
		자동차 부품 및 내장품 판매업
		모터사이클 및 부품 판매업
	도매, 상품중개업	상품 중개업
		음·식료품 및 담배 도매업
		가정용품 도매업, 기계장비 도매업
	소매업	종합 소매업, 정보통신장비 소매업
		음·식료품 및 담배 소매업
		섬유, 의복, 신발, 가죽제품 소매업
숙박 및 음식점업	숙박업	관광숙박시설 운영업
		호텔업, 여관업, 휴양콘도 운영업
	음식점 및 주점업	일반, 한식, 중식, 일식, 서양식 음식점
		제과점, 피자·햄버거, 치킨, 분식전문점
		일반유흥 주점업, 무도유흥 주점업
출판,영상,정보	출판업	서적출판업, 잡지·정기간행물 출판업
		소프트웨어 개발 및 공급업
	영상·오디오 기록물 제작 및 배급업	영화, 방송프로그램 제작 및 배급업
		오디오물 출판 및 원판 녹음업
예술, 스포츠,여가	창작, 예술 및 여가관련 서비스업	공연시설 운영업, 공연 기획업
		독서실 운영업
	스포츠 및 오락관련 서비스업	스포츠 서비스업
		골프장, 스키장, 수영장, 당구장 운영업
		볼링장, 오락장, 노래연습장 운영업
		낚시장, 무도장, 기원 운영업

1) 통계청(https://kssc.kostat.go.kr)의 한국표준산업분류를 상권위주로 재구성한 분류표

이상에서 보듯이 상가의 영업과 관련한 산업을 분류하면 대분류로는 도·소매업이 있고, 숙박·음식점업 그리고 출판, 영상, 정보산업과 예술, 스포츠, 여가산업 및 기타산업이 있다.

이들 업종은 경우에 따라서는 한 곳에 집중하여 영업을 하는 집심성 상가로 구성될 수도 있고, 때로는 서로 분산하여 영업을 하는 산재성 상가로 구성되기도 한다.

여의도에 가면 음식점이 한 상가건물에 밀집하여 이른바 식당가 건물이라고 불리울 정도로 각양각색의 식당이 영업을 하는 것을 볼 수 있다. 여기에 가면 한식, 중식, 일식 뿐만이 아니라 일반음식점이 즐비하여 고객들은 입맛대로 음식을 시켜먹을 수 있으므로 점심시간에는 앉을 자리가 없을 정도로 성업이다.

이와같이 영업의 업종은 상권을 결정하는 중요한 요인이 된다. 아울러 업종에 따라서 상권의 형태와 규모가 정해질 뿐만이 아니라 인쇄업 상권, 식당가 상권, 숙박업 상권 등과 같이 상권을 특징지우기도 한다.

4. 상가의 규모

배후단지가 크면 유동인구도 많을 것이므로 상가의 규모를 크게 하여도 판매전략에 차질이 없다. 반대로 배후단지가 적으면 유동인구도 적을 것이므로 상가의 규모를 상권에 맞게 적절한 크기로 영업전략을 세워야 한다. 동일한 업종으로 영업을 하여도 상가의 규모에 따라서 상권은 유동적이다. 대체로 상가의 규모가 크고 시설도 고급일수록 상권의 범위는 커지며, 상가의 규모가 적을수록 상권의 범위가 작아진다.

예를 들면, 김포신도시나 검단신도시와 같은 새로운 단지가 들어서면 이마트나 롯데마트와 같은 할인매장이 대규모로 들어서는 것을 보게된다. 이는 상가의 규모가 커야 배후단지의 유동인구를 흡수할 수 있고 그만큼 상권이 크다는 것을 의미한다.

결국 상권이 크면 상가의 규모도 크고, 상권이 작으면 상가의 규모도 작게된다. 이는 상가의 규모가 상권을 결정하는 중요한 요인이 됨을 반증하는 것이다.

5. 주변환경

상권은 주변환경에 따라서 커지기고 하고 좁아지기도 한다. 상권을 결정하는데는 교통환경이 중요한 요인이지만, 때로는 교통량이 영업과는 무관한 경우가 있다. 예를 들면 경부고속도로를 달리는 교통량은 엄청나지만 고속도로 양옆에 있는 상가는 그 많은 차량의 고객들을 유인할 수가 없다.

고속도로는 극단적인 사례이지만 고속도로가 아니어도 도로의 폭이 너무 넓으면 상권은 양쪽의 고객을 대상으로 하는 것이 아니라 상가가 위치한 한쪽 면의 고객만을 유인하게 된다. 따라서 고객을 유인하기 위해서는 2차선 도로나 4차선 도로가 적합하며, 그 이상의 넓은 도로는 고객의 접근을 차단하므로 상권에도 영향을 주게된다.

상가의 주변환경이 비탈길일 경우에도 상권에 영향을 준다. 통상적으로 비탈길의 아래쪽에는 상가가 영업이 잘되며 상권도 형성되지만, 비탈길의 위쪽은 영업이 잘 안되므로 상권도 형성되기 어렵다.

또한 주변환경에 오염이나 폐수가 흘러내리는 곳은 사람들이 기피하므로 상권형성이 어렵다. 대표적인 사례로 님비현상이 있다.

님비(NIMBY) 현상은 "Not in my backyard"의 줄인 말로써, "내 뒷마당에서는 안 돼." 라는 뜻을 갖고 있다. 즉 장애인 시설이나 쓰레기 처리장, 화장장, 교도소와 같은 지역 주민들이 싫어하는 시설은 땅값이 떨어질 우려가 있으므로 이러한 시설들이 자신이 살고있는 지역에 들어서는 것을 반대하는 것이다.

반대로 구청이나 시청 또는 법원과 같은 관공서가 들어서면 먼저 이에맞는 상가부터 입점하는 것을 보게된다. 음식점이나 부동산 중개업소, 변호사 사무실, 법무사 사무실, 세무사 사무실과 같은 업종이 들어선다. 많은 공무원들과 민원인들을 대상으로 식당이 영업을 하고 관련 전문 사무실이 영업을 한다.

이와같이 혐오시설은 사람들이 싫어하므로 상권형성을 저해하며, 반대로 관공서와 같은 시설은 상권형성을 촉진하게 된다. 즉 상가의 교통환경이나 지형, 혐오시설, 관공서와 같은 주변환경은 상권형성의 중요한 요인이 된다.

6. 경영자의 영업전략

상권은 경영자의 영업전략에 따라서 확장되기도 하고 축소되기도 한다. 즉 영업의 업종이나 시설조건이 동일하다고 하여도 경영자의 영업전략이나 영업수완에 따라서 상권은 영향을 받는다.

다른 조건이 동일하여도 경영자가 적극적인 영업전략을 가질 경우에는 상권은 확장되고, 경영자가 소극적인 영업전략을 가질 경우에는 상권은 축소된다.

예를 들면 음식점을 창업할 경우에 경영자가 아침 일찍부터 저녁 늦게까지 손님을 접대하며 적극적으로 홍보를 하고 직원들과 더불어 친절한 서비스를 제공한다고 하자. 여기에 음식맛도 일품이라고 하면 한 번 찾아왔던 고객은 다시 찾아올 것이고, 이런 소문이 입에서 입으로 전달되면 인근지역 뿐만이 아니라 주변지역에 있는 손님들도 찾아올 것이다. 이렇게 되면 그 음식점 상권의 범위는 확대될 것이다.

반면에 경영자가 소극적이고 직원들이 불친절하여도 이를 시정하지 아니하며 홍보도 제대로 하지않는다고 하자. 이러한 음식점은 맛을 떠나서 손님들이 다시 찾아오기를 꺼려할 것이다. 당연히 멀리서 일부러 찾아오는 손님은 없을 것이고 상권의 범위도 축소될 것이다.

또한 경영자가 개인이냐 아니면 법인이냐의 여부도 상권의 범위를 결정하는데 영향을 미친다. 경영자가 개인일 경우에는 자신만의 노하우나 영업전략으로 상권의 범위가 제한적이기 쉽다.

하지만 경영자가 법인일 경우에는 대표이사를 비롯한 임원진이나 직원들의 다양한 의견과 영업전략이 반영되어 상권의 범위는 확대된다. 결국 경영자의 영업전략이나 마인드는 상권의 중요한 결정요인이 된다.

입지선정의 전략

입지선정은 사업자가 추구하는 입지조건을 갖춘 토지를 발견하고 적정한 용도를 결정하는 것을 말한다. 상권분석을 하는 궁극적인 목적도 입지선정을 잘하여 고객을 유인하고 매출을 올려 사업에 성공하고자 하는 것이다.

결국 입지선정에 따라서 소비자는 상품을 구매할 수 있는 구매영역을 확보하게 되고, 경영자는 고객을 내방시켜 상품을 판매하는 상권을 확보하므로 그만큼 입지선정이 중요하다. 이와같은 입지선정에는 다음과 같은 전략이 필요하다.

1. 전면도로의 접근성이 좋은 지역

점포는 도로의 접근성에 따라서 영업이 잘되기도 하고 잘못되기도 한다. 따라서 가능하면 전면도로의 접근성이 좋은 지역에 입지하는 것이 중요하다. 도로의 접근성은 곧 고객을 흡인할 수 있는 흡인력과도 연관이 있기 때문이다.

전면도로가 자동차가 지나다닐 정도로 넓으면 주차하기 쉬운 입지가 좋은 입지가 된다. 만약에 자동차가 다니지 못할 정도이면 도보로 쉽게 접근하는 입지가 좋은 입지가 된다.

가능하면 고객이 지나면서 쉽게 눈에 띄는 곳에 입지를 해야 할 것이고 이러한 입지조건이면 전면도로의 접근성도 좋을 것이다. 어찌되었건 전면도로의 접근성은 입지선정에서 고려해야 할 중요한 요인이다.

2. 배후지역과 유동인구 고려

상가의 주된 고객은 인근지역과 주변지역을 포함하는 배후지역에서 오는 사람들이다. 비록 배후지역 사람들의 소득수준이 낮을지라도 인구밀도가 높으면 잠재고객의 규모도 클 것이다. 그만큼 인구밀도는 이들의 라이프스타일과 무관하게 중요하다.

결국 배후지역의 인구밀도가 높고 이들의 소비성향이 좋으면 점포의 매출은 높아질 것이다. 반면에 배후지역의 인구밀도가 낮고 이들이 소비하는 비중이 낮으면 점포의 매출도 낮아질 것이다.

이와함께 점포의 매출은 유동인구에 따라서 좌우되므로 상권주변의 유동인구는 입지선정에서 중요한 포인트이다. 대체적으로 유동인구가 많은 지역은 업종에 구애받지 않고 장사가 잘된다고 보아도 좋다.

관공서나 은행 또는 대형백화점이나 유통센터 등은 흡인력이 있으므로 유동인구가 증가하게 된다. 예를 들면 어떤 지역에 법원이 새로 들어서면 변호사나 법무사 사무실이 우선적으로 들어서고 음식점이나 커피숍 등이 입점하게 된다.

아울러 이들 업무에 부수적으로 필요한 문구점이나 도장가게 기타 서비스업종이 줄줄이 들어서는 것을 볼 수 있다. 따라서 이러한 지역을 중심으로 점포를 개설하는 것도 입지선정의 전략이다.

3. 전철역이나 버스정류장과 같은 통행밀도가 높은 지역

지하철은 수많은 탑승객이 이용하는 대중교통의 대표적인 수단이므로 이들이 타고 내리는 역세권은 언제나 사람들로 붐빈다. 특히 두 개의 지하철이 연결되는 환승 역세권은 상권의 범위도 넓어지고 장사도 안정적으로 잘되므로 권리금도 형성되기 쉬운 곳이다.

예를 들면 서울 지하철 4호선과 7호선이 교차하는 노원역이나 지하철 1호선과 2호선이 교차하는 신도림역은 출퇴근 시간에는 콩나물 시루마냥 많은 사람들로 붐비는 곳이다. 이런 통행밀도가 높은 지역은 상권도 광범위하게 퍼져있고 영업도 활발하므로 입지선정 시에 우선적으로 고려해야 할 지역이다.

아울러 버스정류장도 규모에 따라서 다르지만 통행밀도가 높은 지역이다. 예를 들면 서울시 서초구 신반포로에 있는 서울고속버스터미널은 경부선·구마선과 영동선 등이 운행하며 1일 수용능력 25만 명을 능가하는 세계적인 규모이다.

이곳에는 터미널 내에 승객을 위한 위락시설과 의류 도매상가도 갖추어 유통센터로도 활용하고 있다. 이와같은 대형 버스정류장은 수많은 승객들이 오가는 곳이므로 이들을 대상으로 하는 의류나 선물가게 또는 식당 등이 입지해도 좋은 지역이다.

이외에도 지역에 따라서 다르지만 버스정류장은 집객시설로서 승객을 흡인하는 지역이므로 입지선정시 우선적으로 고려하는 상권이다.

4. 코너상가는 보너스가 주어지는 입지조건

상권중에서 두 개의 도로가 겹쳐지는 코너상가는 다른 일면상가에 비하여 보너스가 주어지는 좋은 입지조건이 된다. 왜냐하면 코너상가는 두 개의 도로에서 오가는 사람들이 모두 바라볼 수 있으므로 일면상가에 비해서 쉽게 눈에 띌 수 있다.

또한 일면상가는 물이 흘러내리듯 사람들도 그냥 지나쳐 버리는 수가 있지만, 코너상가는 한 쪽에서 오다가 코너를 돌면서 잠시 속도를 줄이고 주변을 둘러보므로 관심도가 더욱 높아지게 된다.

따라서 코너상가는 일면상가에 비해 임대보증금이나 월세도 높고, 권리금도 일면상가에 비해 높은 편이다. 이런 코너상가에 우선적으로 입점하려고 하는 업종으로는 금은방이나 의류매장, 이동통신, 부동산사무실 등이 있다. 어쨌든 코너상가는 일면상가에 비해 여러 업종이 들어서려고 하는 목좋은 상권이 된다.

5. 대규모 아파트단지의 집객지역

아파트단지가 대규모이면 단지내에 상가가 형성되어 있는 곳이 많다. 이런 단지내 상가에는 입주민이 쉽게 이용할 수 있는 밀착형 시설업종으로 주로 세탁소, 슈퍼마켓, 미용실, 중화요리, 부동산사무실 등이 입점한다.

이런 대단지의 주민들은 생일이나 기타 기념일에 가족끼리 외식을 하러 나갈 때 단지내 음식점을 찾는 경우는 거의 없다. 왜냐하면 외식은 분위기가 좋고 쾌적하며 즐길 수 있어야 하기 때문이다. 단지내 상가는 비교적 장소도 협소하고 메뉴도 다양하지 못한 경우가 많다.

그러므로 주민들이 외식을 하려면 단지내 상가가 아닌 좀 더 쾌적하고 아늑한 분위기를 연출하는 식당을 찾게된다. 따라서 이런 주민들에게 적합한 아파트단지의 주변지역이나 외곽지역에 쾌적한 분위기의 식당들이 들어서며 이런 식당들은 장사도 잘되는 편이다.

또한 오늘날은 맞벌이 부부가 많으므로 이들은 쇼핑을 하여도 매일매일 할 수 없고 일주일에 한번 또는 두어번 정도로 쇼핑을 한다. 따라서 이들은 좀 더 값싸게 대량으로 구입하기를 원하므로 중대형 할인매장을 이용하는 경우가 많다. 이와같은 관점에서 이들이 이용할 수 있는 슈퍼마켓이나 할인매장 같은 업종도 아파트단지 주민들을 공략할 수 있는 업종이 된다.

이외에도 아파트단지 주민들에게 어필할 수 있는 의류점, 금은방, 이동통신, 미용실 등의 업종을 중심으로 주민들이 쉽게 이용하고 만족할 만한 업종으로 입지선정을 하는 것도 좋은 전략이다.

6. 성장잠재력이 큰 지역

서울시 강북구 월계로 173 번지에는 "북서울 꿈의 숲"이 있다. 이곳은 서울의 동북단에 위치하며 공원을 중심으로 동남쪽 방향으로 월계로가 미아4거리로 이어지고 동북쪽으로 한천로가 우이천과 나란히 지나는 지역이다. "북서울 꿈의 숲" 공원을 중심으로 반경 5km 이내에 강북구, 도봉구, 노원구, 성북구, 동대문구, 중랑구가 접하고 있고 이 곳 6개구의 인구를 합하면 약 265만명이나 된다.

북서울 꿈의 숲

원래 이곳은 주민들이 "공주릉" 또는 "오동근린공원"이라고도 불렀던 지역이다. 그런 곳이 개발되면서 1989년에는 "드림랜드"라는 놀이시설이 들어서고, 그 후 호수, 잔디광장 등 친환경적인 새로운 녹지공원의 주요시설이 들어서며 오늘날과 같은 "북서울 꿈의 숲"이 되었다.

이곳이 개발되는 초기의 이야기이다. 처음에는 한적한 지역이었는데 어느 날부터 음식점이 들어서고 숙박업소가 들어서며 차츰 마을이 변하기 시작한 것이다. 처음에 주민들은 왜 이렇게 한적한 곳에 저런 식당이나 숙박업소가 들어서느냐며 의아하게 생각하였으나 점차 그 지역이 개발된다는 것을 알게 되었다.

이와같이 한적한 곳도 놀이시설이 들어서고 공원이 들어서면 사람들이 모인다는 것을 알고 미리 이곳에 식당을 열고 숙박업소를 오픈한 것이다. 바로 이들은 이곳의 성장잠재력을 보고 미리 투자한 것이다.

지금은 비록 장사가 잘 안되어도 지역이 개발되거나 성장잠재력이 높은 지역은 상가의 입시선정에서 고려해야 할 요인이다. 반면 상권이 쇠퇴하거나 새로운 상권이 주변에 들어서면서 이동해가는 상권은 입지선정에서 기피해야 할 지역이다. 즉 성장잠재력이 입지선정의 전략요인이 된다.

7. 상권이 비탈진 지역에 위치하는 경우에는 낮은 지역

상권이 비탈진 지역에 위치하는 경우에는 위쪽에 있는 지역보다는 아래쪽에 있는 지역이 점포의 입지로서 좋다. 마치 물이 위에서 아래로 흐르고 고기도 위쪽보다는 아래쪽 웅덩이에 많이 모이는 것과 같이 사람도 위쪽에 있는 지역보다는 아래쪽으로 모이는 것이 자연의 법칙이다.

일반적으로 아래쪽에 있는 지역은 교통 인프라도 잘 갖추어져 있으며 접근성도 위쪽보다 낮다. 대부분의 재래시장이나 은행, 극장, 식당 등과 같은 편의시설도 아래쪽에 위치하는 것이 위쪽보다 많다.

마을의 골목길 상권에 슈퍼마켓이 있다고 생각해보자. 이곳에 손님이 방문했을 때, 손님은 자기가 방문할 집을 빈 손으로 가지않고 선물을 사서 가려고 할 것이다. 그런데 대부분의 손님은 골목길 입구에서 선물을 살 것이다. 만약에 비탈길 골목이라면 아래쪽에 있는 슈퍼마켓에서 선물을 사서 가지고 갈 것이다.

따라서 비탈진 지역에 있는 상권에서는 위쪽에 있는 지역보다는 아래쪽에 있는 지역에 입지를 하는 것이 좋다. 아래쪽 지역이 고객의 접근성에서 위쪽보다는 우월하기 때문이다.

상권조사와
상권분석

01 상권조사의 내용

　상권조사는 사업자가 장사를 하기 위해서 개업할 최적의 장소를 찾는 작업이다. 구체적으로 상권의 배후지역에 있는 인구수나 세대수, 소득수준, 유동인구, 교통시설, 집객시설의 현황, 경쟁점포, 상권의 향후 전망 등을 파악하는 것이다.

　상권조사는 사업자가 영업할 상권을 설정하고, 상권내에 있는 상가의 후보지를 선정하여 이들 후보지들간의 상호비교를 통해 최고의 입지를 선정하는 과정이다.

　상권조사의 목적은 영업 매출액이 얼마나 될 것인가를 예측하는 것이 아니라, 사업자가 개업할 장소에 대하여 장사를 할 만한 상권이 형성되어 있는 것인가를 분석하는데 있다. 상권조사에서 파악해야 한 주요한 내용에는 다음과 같은 것이 있다.

1. 통계자료 조사

사업의 경영자는 점포를 계약하기 전에 배후지역의 인구수와 세대수, 가족구성원수 등에 대한 통계자료를 조사해야 한다. 당연히 인구수가 많으면 그만큼 잠재고객은 많을 것이고, 잠재고객이 많으면 사업은 성공할 확률이 높다. 반면에 배후지역의 인구수가 적으면 잠재고객은 적을 것이고 이에 때라 매출도 줄어들 것이기 때문에 사업도 힘들어지게 된다.

또한 세대수와 가족구성원수도 상권조사에서 파악해야 할 주요 항목이다. 예컨대 독신자가 많은 지역이면 이들을 대상으로 영업을 해야 하므로 편의점이나 반찬가게와 같은 업종이 적당하다. 반면 가족구성원에서 아이들이 많은 지역이면 이들에게 맞는 문방구나 치킨집과 같은 업종으로 영업을 하면 성공할 확률이 높다.

이외에도 배후지역의 주거형태도 조사할 내용이 된다. 주거형태가 단독주택이나 연립주택 또는 아파트단지에 따라 영업전략이 달라진다. 단독주택이나 연립주택과 같은 주거지역은 슈퍼마켓이나 일반식당과 같은 음식점이 영업하기에 적당하다. 대형 아파트단지를 배후세력으로 갖는 상권에서는 치킨집이나 햄버거, 피자집과 같은 아이들이 좋아하는 업종으로 영업을 하는 것이 성공할 확률이 높다.

2. 상권의 규모와 형태

상권의 규모가 크면 광범위한 지역을 대상으로 영업하므로 업종이나 상가의 규모도 이에맞게 전략을 세워야 한다. 반면에 상권의 규모가 적으면 상가의 규모도 크지않도록 적당하게 시설해야 한다.

상권의 형태도 주간고객을 상대로 하는 상권이 있고 야간고객을 상대로 하는 상권이 있다. 예컨대 여의도와 같은 상권은 업무시설 지역으로 낮에는 사람들이 많지만 밤에는 퇴근하고 사람들이 별로 없는 지역이다.

이러한 지역에 주간고객을 위주로 하는 슈퍼마켓이 개점된다면 아마도 손님은 별로 없고 사업은 낭패를 보게될 것이다. 오히려 이런 지역은 슈퍼마켓보다는 가볍게 직장인들이 즐길 수 있는 편의점이 사업의 성공확률이 높다.

한편 아파트나 일반주택을 배후세력으로 하는 지역은 낮에는 직장에 출근하지만 저녁에는 모든 가족이 함께 모이는 상권이다. 또한 주부들이나 아이들은 가정에 있으므로 이들을 대상으로 영업전략을 세우는 것이 바람직하다.

3. 유동인구

상가의 영업력은 고객의 많고 적음과 소비성향에 달려있다. 고객은 곧 유동인구와 직결되므로 상권조사에서 반드시 파악해야 할 내용은 유동인구이다. 물론 유동인구가 전부 다 고객이 되는 것은 아니지만 잠재적 고객임에는 틀림없다.

예를 들면 국경일과 같은 행사에는 유동인구는 많지만 이들은 한번 스쳐지나가는 사람일 뿐 고객으로 연결시키는 것은 무리이다.

하지만 적어도 평상시의 유동인구는 상가의 매출을 올려줄 수 있는 잠재고객이다. 따라서 성별, 연령별, 시간대별, 요일별 유동인구의 수와 이들의 소비성향을 파악하는 것이 상권조사의 중요한 내용이다.

4. 통행방법과 통행패턴

지하철이나 버스와 같은 대중교통을 이용하는 고객을 대상으로 장사를 할 것인가 아니면 승용차 고객을 타깃으로 할 것인가에 따라 영업전략은 달라진다. 또한 도보를 이용하는 고객을 중심으로 장사를 한다면 이들의 통행패턴은 어떤 특징을 가지고 있는가에 대한 것도 상권조사의 내용이다.

역세권을 중심으로 상가가 밀집된 곳은 지하철을 이용하는 승객이 많고 이들에게 서비스를 하는 것이 사업성공과 직결된다. 또한 버스를 이용하는 고객은 정류장이 집객장소이므로 이를 중심으로 상권이 발달한다. 아울러 횡단보도를 중심으로 상권이 형성되는 것은 도로를 이용하는 고객들이 신호등이 바뀌면 횡단보도를 건너기 때문에 이들을 중심으로 상권이 형성되기 때문이다. 이와같이 통행방법이나 통행패턴에 따라 사업의 성패가 좌우되므로 상권조사에 포함시켜야 한다.

서울시 상계동에 가면 "노원 문화의 거리"가 있다. 노원 문화의 거리는 지하철 7호선 노원역 근처에 위치하고 있으며 다양한 먹거리와 쇼핑거리로 유명한 골목이다.

노원 문화의 거리

노원 문화의 거리는 2007년부터 문화콘텐츠를 가미하여 새로운 테마거리로 자리잡아 노원의 명소가 되었다. 이곳에는 자동차 통행도 제한하므로 지하철을 이용하거나 도보를 이용하는 고객들을 대상으로 영업전략을 수립해야 한다.

※ 작품설명
꼭대기에 외발자전거를 타고 곤봉을 돌리는 광대가 있고, 밑에는 아코디언을 연주하는 아저씨와 양 옆에는 삐에로와 비보이 이렇게 4명의 예술인들을 형상화한 작품. 높이 4.5미터

김도영 작가의 "플레이"라는 작품

5. 경쟁점포의 수와 규모

상가는 나홀로 장사하는 것이 아니고 고객을 상대로 영업을 해야 한다. 그런데 동일한 상권에는 많은 경쟁점포가 있을 수 있다. 고객은 여러 상가중에서 가격도 저렴하고 상품의 질도 좋으며 서비스까지 친절한 점포에서 물건을 구입하려고 한다.

그렇다면 새로이 개업하는 점포는 상권내에 입점해 있는 경쟁점포를 조사해야 한다. 경쟁점포의 수는 얼마나 되며 규모는 큰지 또는 작은지를 알아야 한다. 아울러 예상되는 경쟁점포의 제품에는 어떤 것이 있으며 가격대는 어느 정도인지, 매장의 구성에는 어떤 특징이 있는지, 경쟁점포의 이용객은 얼마나 되며 매출수준은 어느 정도인지 등을 파악해야 한다.

6. 상권의 향후 전망

의정부에 가면 구시가지와 신시가지가 나온다. 1호선 전철역인 의정부역을 중심으로 동부광장인 동쪽을 구시가지라고 하며, 서부광장인 서쪽을 신시가지라고 한다. 구시가지는 길거리는 좁지만 갖가지 유흥시설이 밀집해 있고, 맥도널드나 롯데리아와 같은 프렌차이즈 업종이 많이 입점해 있다. 신시가지는 주점, 횟집을 비롯한 먹거리와 호프집, 노래방 등의 유흥시설이 밀집되어 있으며 유동인구가 많아서 소비지출이 많은 지역이다. 신시가지는 수많은 유동인구와 이들을 상대로 각양각색의 술집, 모텔, 편의점이 위치하여 상가의 권리금도 엄청나게 형성된 곳이다. 더욱이 신시가지는 먹자골목 입구에 의정부역(경전철)이 위치하여 1호선 전철역과 함께 더블 역세권을 형성하여 승객들이 편하게 이용할 수 있다.

이와같이 상권은 오래되면 신흥 상권이 출현하게 된다. 대부분의 상권은 구상권보다는 신흥 상권이 도로는 넓고 건물도 신축하며 투자도 새롭게 하여 상가로서는 뜨는 지역이다.

상권조사에서 파악해야 할 내용은 상권의 확대나 축소 가능성을 비롯한 향후 전망이다. 아울러 관할관청에서 새로운 도시계획이나 투자계획도 살펴보고 주변 건물의 철거나 신축계획도 조사해야 한다.

상권조사의 방법

상권조사는 인구, 고용, 노동, 임금, 물가, 가계소득과 같은 통계 자료를 수집하고, 유동인구나 경쟁점포의 내점객을 조사한다. 이러한 조사 후에 지역내 임대가격 및 임대시세를 파악하고, 고객정보와 고객의 구매행동 패턴을 조사한다.

다음으로 해당점포를 중심으로 그 점포에 상권세력이 미치는 범위까지 상권지도를 작성한다. 상권지도에는 지하철역이나 버스노선, 육교, 횡단보도와 같은 교통시설이나 관공서, 금융기관 등과 같은 집객력있는 시설 등도 표시한다. 상권지도가 완성되면 이어서 상권조사서를 작성한다.

1. 지역정보 수집

지역내에 있는 관공서나 통계청 자료를 이용하여 인구, 고용, 임금 등에 대한 지역정보를 수집한다. 지역내의 언론매체나 조사업체에서 분석한 자료가 있으면 기존의 데이터를 활용하는 것도 좋은 방법이다. 아울러 상권내의 점포수와 점포위치, 점포규모 등에 대해 조사한 내용이 있으면 이러한 정보도 수집한다.

2. 유동인구 조사

상권내의 유동인구를 해당점포가 입점할 지역을 중심으로 요일별, 시간대별, 연령별로 조사한다. 시간대는 평일은 아침 8시부터 9시까지, 12시부터 13시까지, 17시부터 18시까지, 19시부터 20시까지 구분하여 조사한다. 주말이나 공휴일은 13시부터 14시까지, 17시부터 18시까지, 19시부터 20시까지 유동인구를 조사한다.

이 때에 해당점포의 특성에 알맞게 시간대는 조정할 수 있다. 예컨대 커피숍이나 당구장과 같은 업종은 아침시간에는 영업을 잘 하지 아니하므로 아침 8시부터 9시까지의 유동인구를 조사하지 않고, 점심식사 후인 13시부터 14시까지 조사하는 것이 효율적이다.

3. 경쟁점포 조사

상권조사에서 중요한 일중에 하나가 바로 해당점포와 경쟁하는 경쟁업체의 수와 규모를 파악하는 것이다. 해당업체에서 반경 500m 이내, 1Km 이내, 2Km 이내, 2Km 이상 지역에 있는 경쟁업체의 종업원수, 가격대, 서비스 수준, 취급메뉴, 매출액 등도 면밀히 조사한다.

이외에도 경영자, 경영목표, 고객의 수, 주요 고객층, 상권범위, 피크타임, 매장면적, 상품구성, 납품업체, 판매방법, 기타 경쟁업체의 장점과 단점에 대한 내용을 조사한다.

어차피 경쟁은 피할 수 없으므로 이러한 경쟁업체와 동일한 업종으로 사업을 하려면 경쟁업체의 장단점을 파악하고 상대방보다 비교우위를 점할 수 있는 차별화 정책으로 승부를 걸어야 한다.

4. 임대시세 조사

상권내의 임대시세와 권리금 규모, 평균적인 임대기간 등을 조사한다. 평균적인 임대보증금과 월임대료를 파악하면 상권이 A급 상권인지, B급 상권인지 아니면 C급 이하 상권인지를 알 수가 있다.

또한 권리금의 규모로 영업이 잘되는 곳인지 아니면 영업이 안되는 곳인지도 알 수 있다. 일반적으로 지하철 역세권에 가까울수록 권리금이 많이 형성되어 있고, 지하철 역세권에서 멀어질수록 권리금은 낮게 형성된다.

더불역세권이나 유동인구가 많은 곳에서는 수억원대의 권리금이 형성되기도 한다. 하지만 이런 곳에서도 급매물로 나오는 상가점포는 이외로 적은 권리금으로 점포를 인수할 수도 있다.

임대기간도 조사할 내용이다. 어떤 지역에는 개업한지 1년 내지 2년도 채 되지 아니하였는데 주인이 여러 번 바뀐 것을 볼 수 있다.

그만큼 상권이 안정적이지 못하고 불안하며 영업매출도 들쑥날쑥하거나 매출이익이 별로 나지 않는다는 것을 알 수 있다. 반면에 한번 사업을 시작한 사람이 몇 년이 지나도 계속 영업을 한다면 그만큼 상권이 안정적이라는 의미가 있다.

5. 고객정보와 구매패턴 조사

잠재적인 고객의 정보와 구매패턴을 조사한다. 고객은 연령별로 구분하여 거주지, 주거형태, 거주년수, 차량소유, 생활방식 등을 조사하며, 이를 통하여 상권내 고객의 소득수준을 파악할 수 있다.

고객의 구매패턴은 승용차를 이용하는 고객이 많은지, 대중교통을 이용하는 고객이 많은지, 아니면 워킹으로 구매하는 고객이 많은지 파악한다. 또한 주말을 이용하여 일주일에 사용할 상품을 한꺼번에 구입하는 고객이 많은지, 매일매일 필요한 분량만큼만 구입하는 고객이 많은지도 조사한다.

아울러 지역에 위치하여 상권에 직접적인 영향을 미치는 관공서, 금융기관, 학교, 대형 유통시설 등의 이용객수를 조사한다. 이러한 주요시설에 대한 이용객수는 해당업체의 홍보실이나 관련 담당자를 통해서 정보를 입수할 수 있다.

6. 지역상권 지도작성

상권 중심부를 기준으로 각 업체의 상호를 정확하게 기입한다. 이 때에 해당점포를 중심으로 그 점포에 상권세력이 미치는 범위까지 적어도 반경 500m의 지도를 작성하도록 하며, 상권의 규모가 크면 그에 맞게 반경을 더 넓혀서 상권지도를 작성한다.

상권지도에는 지하철역의 출입구, 버스노선, 고가도로, 육교, 횡단보도 등도 표기한다. 지역상권 내에 조사한 업종들은 음식업, 의류점, 이동통신, 슈퍼마켓과 같은 잡화점, 기타 서비스업 등으로 분류하고, 해당점포의 경쟁점포는 차별화된 색깔로 표시한다.

아울러 관공서, 금융기관, 학교, 지역내 랜드마크가 될 수 있는 빌딩과 같은 집객력있는 시설에 대해서도 표시한다. 이와함께 지역 내 세대수와 인구수, 지형적인 특성 등에 대해서도 난외주기나 기타 도표를 넣어서 상권을 쉽게 알 수 있도록 표시한다.

7. 상권조사서 작성

상권조사가 완료되면 마지막으로 상권조사서를 작성한다. 상권조사서에는 해당점포의 건물개요를 기록하고, 상권내 인구현황과 유동인구에 대한 조사내용을 입력한다. 다음으로 경쟁점포에 대한 조사내용을 입력하고, 기타 참고내용을 기록한다.

상권조사서

1. 점포현황

소 재 지				
면 적	임 대 평 수		실 평 수	
현재 상호 및 업종	상 호		업 종	
임 대 차 현 황	임대보증금			
	월 세			
	권 리 금			
관 리 비 현 황	월 관리비			
주차장 기타사항				

2. 지역정보

인구 및 가구수		인 구 수	가 구 수
	1차 상권		
	2차 상권		
	3차 상권		
지 역 특 징			

3. 유동성 조사

구분	성별	10시 이전	10~12시	12~13시	13~14시	14~18시	18~19시	19~20시	20시 이후
평일	남								
	여								
휴일	남								
	여								

4. 경쟁점포 조사 (※ 커피숍일 경우의 경쟁점포)

상호	업태	면적(평)	거리(m)	영업시간	종업원수	취급메뉴	매출액
카페베네	서비스업						
스타벅스	서비스업						
이디야	서비스업						

5. 교통 및 가로상황

6. 고객정보와 구매패턴

7. 기타 참고사항

8. 조사의견

첨부서류	지역상권 지도

조사일시	
조 사 자	

03 상권분석의 목적

상권은 경영자의 입장에서 보면 상점을 개설하기 위한 입지조건이 되지만, 소비자의 입장에서 보면 상품을 구매할 수 있는 구매영역이 된다. 이 때문에 소매업이나 음심점과 같은 외식업 또는 당구장, 볼링장, 오락장, 노래연습장과 같은 스포츠 및 오락 서비스업은 입지산업으로 불리울 정도로 상권은 중요하다.

상가 경영자에게 특정 지역에 입지하기 위한 상권분석은 사업의 성공과 실패를 좌우하는 요인이 된다. 경영자는 장사가 잘되는 곳에 입지하여 사업을 성공하려고 할 것이고 이를 위해서는 상점을 개설하기 위한 상권분석은 반드시 필요하다.

구체적으로 상권분석의 목적을 다음과 같이 살펴볼 수 있다.

첫째, 상권분석은 영업의 손익분기점을 분석하기 위해서 상가의 판매 예상량을 추정하기 위한 목적으로 행해진다. 상권분석을 통해서 배후세력인 유동인구의 양과 질을 파악하고, 상가에 유입되는 잠재수요와 판매량을 예상할 수 있다.

둘째, 상권분석은 주변환경과 교통량 등을 조사하고 분석함으로써 입지에 따른 최적의 업종선정을 하기 위한 목적으로 수행한다. 예컨대 음식점을 경영하고자 하는 사업자가 한식당을 할 것인지 아니면 일식당이나 중식당 또는 일반음식점을 경영할 것인지 고민한다고 하자. 이 경우 상권을 조사하고 분석하니, 해당 상권내에는 일반식당이나 한식당, 일식당은 많이 있는데 중식당은 없다고 하면 음식점으로 성공하기 위해서는 중식당을 경영하는 것이 타당성이 가장 클 것이다. 이와같이 상권분석은 소비자의 상품이나 서비스에 대한 욕구를 파악하고 기존상가의 영업실태를 조사하며 이를 바탕으로 신규로 창업할 최적의 입지전략을 수행하기 위해서 필요하다.

셋째, 상권분석은 배후세력인 잠재적 고객에게 창업을 알리고 이들을 유인하기 위한 마케팅 전략을 세우기 위한 목적으로 행해진다. 배후세력에는 다양한 고객이 있으며 이들에게 알맞는 영업전략을 세워야 창업 초기부터 사업은 성공대로를 걸어갈 수 있다.

예를 들면 배후세력이 대단지 아파트이며 분양면적도 넓고 소득수준도 높은 것으로 조사된 상권이라고 하자. 그렇다면 이들의 생활수준이나 소비수준은 높다고 보아야 한다.

따라서 이들을 고객으로 끌어들이기 위해서는 상가의 규모나 시설은 고급스럽게 인테리어를 해야 할 것이다. 아울러 고객이 지루하지 않게 기다릴 수 있도록 여성잡지를 비치하거나 고객이 만족할 수 있는 맞춤형 서비스를 제공하는 영업전략을 세워야 한다.

04 상권분석의 기법

상권분석의 이론이나 기법은 점포의 유형이나 상권에 따라서 다양하게 발전되어 왔다. 일반적으로 상권분석 기법에는 레일리(Reilly)의 소매중력모형과 허프(Huff)의 확률모형, 애플바움(Applebaum)의 소비자 출발지 조사기법, 회귀분석기법 등이 이용되고 있다.

1. 레일리의 소매중력모형

레일리(William J. Reilly)는 두 도시 사이에 위치하는 매장의 영향력을 분석하기 위해 뉴턴의 중력법칙을 적용하였다. 뉴턴(Newton)의 중력법칙은 두 물체 간의 인력은 질량에 비례하고 거리에 제곱에 반비례한다는 물리학의 기본법칙이다. 이러한 중력의 법칙을 레일리가 상권분석에 적용하여 소매입지론을 체계화한 것이 소매중력모형이다.

레일리의 소매중력모형은 두 도시 사이에 위치하는 매장이 소비자에 대하여 미치는 상권의 영향력은 두 도시의 크기와 거리에 의하여 결정된다는 것이다. 즉 두 도시 사이에 있는 매장에서 소비자를 끌어들이는 힘은 두 도시의 인구에 비례하고, 도시와 매장까지의 거리의 제곱에 반비례한다는 것이다.

레일리의 소매중력모형을 식으로 나타내면 다음과 같다.

$$\frac{R_a}{R_b} = \left[\frac{P_a}{P_b}\right]\left[\frac{D_b}{D_a}\right]^2$$

R_a : a, b 두 도시 사이에 위치한 매장의 소매 매출액 중에서 a 도시로 할당되는 매출액

R_b : a, b 두 도시 사이에 위치한 매장의 소매 매출액 중에서 b 도시로 할당되는 매출액

P_a : a 도시의 인구규모

P_b : b 도시의 인구규모

D_a : a, b 두 도시 사이에 있는 매장(χ)에서부터 a 도시까지의 거리

D_b : a, b 두 도시 사이에 있는 매장(χ)에서부터 b 도시까지의 거리

레일리의 소매중력모형을 그림으로 나타내면 다음과 같다.

a, b 두 도시가 있고 두 도시 사이에 매장 χ가 있으면, 매장의 매출액은 a, b 도시의 인구의 크기에 비례하고, 도시와 매장까지의 거리의 제곱에 반비례한다.

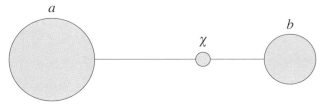

레일리의 소매중력의 법칙

이를 상권분석에 적용하면, 매장의 입지를 정할 때는 인구가 많은 지역에 가까이 입지하는 것이 유리하고 인구가 적은 지역에 위치하면 그만큼 매출이 줄어든다는 것을 알 수 있다.

또한 비슷한 규모의 인구를 가진 두 지역사이에 입지한다면 매장의 매출액은 거리의 제곱에 반비례하기 때문에, 사업자가 목표로 하는 타켓지역에 가까이 입지할수록 타켓지역의 소비자로부터 매출액이 커진다는 것을 알 수 있다.

레일리의 소매중력모형은 대도시 쇼핑센터의 상권을 추정하는데 널리 이용되어 왔다. 하지만 인구의 크기와 거리만을 활용하여 매장의 영향력을 분석하는 것으로 모형을 지나치게 단순화하였다는 한계점이 있다. 그렇지만 상권분석에서 매장의 입지를 정하거나 매출액을 분석하는데 만유인력의 법칙을 활용하였다는 점에서 의의가 크다.

2. 허프의 확률모형

허프(David L. Huff)는 레일리의 소매중력 법칙이 상권의 영역을 지나치게 확정적인 개념으로 접근하였다고 비판하고, 확률적 개념으로 상권분석 이론을 전개하였다. 즉 허프는 소비자들이 하나 이상의 상가를 방문할 수 있다고 보고, 이제까지 도시단위로 분석되던 소매인력 법칙을 소매상권 법칙으로 전환하여 도시 내의 점포 중에서 효용이 가장높은 점포의 선택모형을 제시하였다.

허프의 확률모형은 점포의 규모와 점포까지의 시간거리를 이용하여 소비자들의 점포선택은 점포규모에 비례하고 점포까지의 시간거리에 반비례한다고 하였다. 이를 수식으로 제시하면 다음과 같다.

$$P_{ij} = \frac{\dfrac{S_j}{T_{ij}^\lambda}}{\displaystyle\sum_{j=1}^{n} \dfrac{S_j}{T_{ij}^\lambda}}$$

P_{ij} : i 지역의 소비자가 점포 j를 방문할 확률
S_j : 점포 j의 규모(매장면적)
T_{ij} : i 지역의 소비자가 점포 j까지 가는 소요시간
λ : 점포까지의 시간거리에 대한 소비자의 민감도계수
　　즉, λ는 점포를 방문하는데 걸리는 시간거리가 쇼핑에 어느 정도 영향을
　　주느냐를 나타내는 매개변수(Parameter)이다. λ는 실제 표본에서 조사해
　　야 하지만 계산이 복잡하여 컴퓨터를 사용하여 그 값을 정하고 있다.
n : 소비자가 고려하는 점포의 수

위의 식에서 보듯이 소비자들이 점포를 선택하여 방문하는 기준은 점포의 규모가 크고, 점포까지의 시간거리가 가까울수록 방문할

확률이 높다는 것을 알 수 있다.

허프의 확률모델은 상권분석에서 매장의 입지를 결정하는데 유용하게 이용되고 있다. 하지만 소비자의 점포 방문확률을 점포의 규모와 시간거리 만으로 측정한다는 것은 문제가 있다.

일반적으로 소비자가 점포를 선택하고 방문하는 것은 점포의 규모나 시간거리 이외에도 취급상품의 종류, 가격, 직원의 서비스 등 여러 가지 요인을 고려해야 하는데 이를 간과하고 있다는 한계가 있다.

3. 애플바움의 소비자 출발지 조사기법

미국의 경영학자인 애플바움(William Applebaum)은 ≪상점입지와 개발 연구≫라는 저서에서 소매입지 결정을 위한 기본원리를 제시하였다. 애플바움은 소매중력모형이나 확률모형에서 처럼 수식을 사용하여 상권분석을 하는 것이 아니라, 소비자들로부터 획득한 정보를 이용하는 경험적 방법에 의해서 상권을 분석하였다. 이를 소비자 출발지 조사기법 또는 소비자 분포기법(CST : Customer Spotting Technique) 이라고 한다.

CST 기법은 특정 매장에 상품구입을 위하여 내방한 고객을 무작위적으로 선택하여 그들 고객의 거주지 위치와 구매행태 등의 정보를 획득하여 이를 직접 지도상에 표시하여 상권을 추정하는 방법이다.

정보획득 방식은 설문지 이용방식과 개별 면접방식 또는 두 가지 혼용방식을 사용한다. 조사시간대는 통근시간, 주간시간, 저녁시간 등으로 구분할 수 있으며, 평일, 주말, 휴일 등으로 요일별로 조사하기도 한다. 또한 조사목적에 따라 성별이나 연령별, 직업별 등의 인구통계학적인 특징을 포함하기도 한다.

고객으로부터 획득할 설문 조사내용에는 고객이 얼마나 먼 거리에서 매장까지 통행을 하며, 고객의 통행에 장애요인은 무엇인가 등의 정보가 포함된다. 이를 이용하여 현재 입지하고 있는 매장이나 또는 새로운 매장이 위치할 지역에 대한 판매예측에 활용한다.

소비자 출발지 조사기법에서 유의해야 할 사항은 설문 조사내용이 응답자의 불성실한 답변이나 응답거부로 인한 표본(sampling)이 정확하지 않을 경우에 사실과 다른 분석결과를 가져올 수 있다는 것이다.

아울러 조사자의 입장에서도 조사의 편이를 위하여 응답이 용이한 고객을 중심으로 설문조사를 함으로써 분석결과에 오류를 가져올 수도 있다. 따라서 소비자 출발지 조사기법은 사전에 면밀한 조사계획과 조사원에 대한 충분한 교육이 필요하다.

CST 기법을 이용하여 상권분석을 하는 방법은 다음과 같다.

먼저, 조사대상 고객을 Spotting 한다.

상권분석을 위하여 설정한 잠재적 상권의 전체 도면에 격자형 그리드를 구획한다. 이를 기초로 점포를 방문한 고객을 무작위로 선택하여 설문조사를 하고 그들로부터 획득한 위치정보를 그리드 상에 표시하여 고객점묘도를 완성한다. 격자형 그리드에 표시된 고객점묘도에는 대상 점포에서 쇼핑을 하는 고객들의 지리적 분포가 나타난다.

다음으로, 고객들의 지리적 분포를 기초로 하여 Spotting된 그리드상에서 매출액을 추정한 후에 매출액을 기준으로 1차 상권, 2차 상권, 주변상권으로 구분한다.

CST 기법은 고객점묘도를 이용하여 상권의 형태를 시각적으로 볼 수 있다는 점에서 이해하기 쉽고 편리한 상권분석기법으로 이용되고 있다. 하지만 이 기법은 매장에 내방한 고객들을 대상으로 설문조사를 실시하여 지도상에 고객점묘도를 표시해야 하므로 많은 시간과 비용이 소요된다는 점이 지적되고 있다.

4. 회귀분석법

회귀분석법(Regression Analysis Method)은 점포의 매출액에 영향을 줄 수 있는 여러 가지 요인들을 추출하고, 매출액과 매출에 영향을 주는 요인들간의 관계를 회귀식으로 도출하여 매출액을 추정하는 방법이다.

회귀분석법은 기존의 판매자료나 전문가의 판단을 토대로, 매장의 매출액에 영향을 주는 요인들을 추출할 수 있고, 이들 요인들이 상호간에 영향을 주지않고 독립성을 유지할 경우에는 점포의 매출액을 추정하는 상권분석기법으로 활용하는데 유용하다.

회귀분석법은 다음과 같은 회귀모형을 사용하여 매출액을 추정한다.

$$Y_i = \beta_1 + \beta_2 X_i + \epsilon_i \quad \text{··· (수식 1)}$$

$$Y_i = \beta_1 + \beta_2 X_{2i} + \cdots + \beta_k X_{ki} + \epsilon_i \quad \text{················· (수식 2)}$$

(수식 1)은 점포의 매출액에 영향을 주는 요인이 하나인 것으로 이를 단순회귀분석이라 한다. (수식 2)는 점포의 매출액에 영향을 주는 요인이 하나 이상으로 이를 다중회귀분석이라고 한다.

현실적으로 매출액에 영향을 주는 요인은 하나 이상의 여러 가지 요인이 복합적으로 반영되므로 매출액 추정도 다중회귀분석으로 하는 것이 타당하다. 이 다중회귀분석을 일반화시키면 다음과 같은 (수식 3)의 모형으로 나타낼 수 있다.

$$ Y_i = \beta_0 + \sum_{k=1}^{m} \beta_k X_{ki} + \epsilon_i \qquad (i = 1, 2 \cdots, n) \ \cdots \text{(수식 3)} $$

Y_i : 점포의 매출액
β_0 : 상수항
β_k : 매출액에 영향을 주는 k번째 요인의 추정된 회귀계수
X_{ki} : 매출액에 영향을 주는 k번째 요인변수
ϵ_i : 오차항

회귀분석법은 (수식 3)에서와 같이 점포의 매출액을 종속변수(Y_i)로 하고, 매출액에 영향을 주는 요인(X_k)을 독립변수로 하여 매출액을 추정한다. 회귀분석은 독립변수와 종속변수간의 자료가 연속형 자료이어야 한다. 하지만 독립변수가 명목척도이거나 서열척도로 측정된 경우에는 이를 더미변수로 변환하여 분석할 수 있다.

일반적 점포일 경우에는 종속변수를 매출액으로 하면, 매출액에 영향을 주는 독립변수에는 인구 특성변수와 매장 특성변수, 접근성

특성변수 등 여러 가지가 있다.

인구 특성변수에는 인구밀도, 성별, 연령별 인구수 등이 있을 수 있다. 물론 성별로 남자와 여자일 경우에는 더미변수로 변환하여 분석하면 된다. 매장 특성변수에는 건폐율, 용적율, 매장의 크기, 홀의 면적, 종업원수 등이 있다. 접근성 특성변수에는 지하철역과의 거리, 버스정류장과의 거리, 도심과의 거리 등이 있다.

물론 이들 독립변수 사이에는 공선성이 없어야 한다.

공선성(collinearity)이란 독립변수간에 높은 상관관계가 존재하는 것을 의미한다. 회귀분석에서 공선성이 존재하면 추정된 계수가 유의하게 나타나지 않을 수 있으므로 이를 제거하고 분석해야 한다.

공선성 진단을 위해서는 공차한계(tolerance)와 분산팽창계수(variance inflation factors : VIF)를 사용한다. 공차한계는 독립변수들의 값들이 흩어진 정도가 다른 독립변수들에 의해서 설명되지 않는 정도를 의미하며, "0"에서 "1"까지의 값을 갖는다. 공차한계가 "0"에 가까울수록 공선성이 높다고 본다. 분산팽창계수는 "1/공차한계"이다. 일반적으로 분산팽창계수가 "10"보다 크면 공선성의 존재에 대해 우려해야 한다.

회귀분석법은 매출액에 영향을 주는 요인들 즉 독립변수를 잘만 선정한다면 매출액을 정확하게 추정할 수 있는 장점이 있다. 하지만 매출액에 영향을 주는 독립변수를 선정하기 위해서는 장기간의 시계열 자료를 수집해야 하기 때문이 시간과 비용이 많이든다. 또한 잘못된 독립변수를 사용하면 매출액 추정이 정확하지 않을 수 있다는 점도 유의해야 한다.

상가권리금
잘 받는 방법

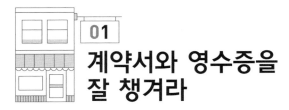

01 계약서와 영수증을 잘 챙겨라

권리금은 임차권의 양수인이 양도인에게 지불하는 금전이다. 따라서 권리금을 받는 입장에서는 임차권의 양도인이 상가를 인수하는 양수인으로부터 임대차보증금이나 임대료외에 지불받는 금전을 말한다.

통상적으로 금전을 주고받을 경우에는 합리적인 이유나 원인증서 등이 필요하다. 권리금 역시 받는 사람에게는 받을만한 사유가 있을 때에 권리금을 청구할 것이고, 권리금을 주는 사람에게는 줄만한 이유가 있을 때에 권리금을 주게 된다.

권리금을 받거나 줄만한 이유나 원인증서가 바로 권리금계약서와 이에 따른 영수증이다. 예컨대 현재 상가임차인이 2년 전에 상가를 양수받을 때에 전 양도인에게 권리금을 지불하고 권리금계약서를 작성하였다고 하자. 그렇다면 임차인은 현재의 상가를 양수받기를 원하는 사람에게 자신이 갖고 있는 권리금계약서를 보여주고 권리금을 지불한 영수증을 제시할 것이다.

이를 보면 상가의 양수인은 권리금을 지불하더라도 그 기준과 합리적인 권리금의 금액을 판단할 수 있는 근거를 확인하게 된다. 더욱이 권리금계약서가 양도인과 양수인의 쌍방합의에 의한 계약서가 아니라, 공인중개사 사무실에서 작성된 계약서라면 그 신뢰성은 더욱 커질 것이다.

반면에 상가임차인이 상가를 양수받기 원하는 사람에게 권리금을 요구하면서, 권리금계약서도 없다고 하며 권리금을 주었다는 영수증도 제시하지 못한다고 하자. 그렇다면 상가 양수인은 권리금을 줄 근거와 기준을 찾기 어려울 것이다. 이럴 경우 양수인은 기꺼이 권리금을 줄 마음이 없어질 것이고, 설령 권리금을 주더라도 기분 좋은 마음으로 권리금을 주지는 않을 것이다.

김사장은 4년전에 서울시 동대문구에 소재하는 모텔을 양수받았다. 그 모텔은 간판에는 호텔로 되어 있을 정도로 주변에 있는 경쟁업체 모텔보다 시설도 좋고 규모도 큰 모텔이었다.

동대문구의 ☆☆☆호텔(모텔) 전경도

당시에 모텔 사장은 건물주에게 임차하여 숙박영업을 하고 있었는데, 건강문제로 인하여 가계를 부동산 중개사무실에 내어놓게 되었다고 한다. 김사장이 중개업소에서 처음에 소개받을 때는 보증금 3억원에 월세 1,000만원이고 권리금이 1억원이었다.

숙박업 경험이 있는 김사장은 중개업소의 안내로 소개받은 모텔을 둘러보고는 직감적으로 느낄 수 있었다.

'아하! 이 모텔은 장사가 되는 곳이구나'

'잘만하면 이 곳에서 돈을 벌 수가 있겠구나.'

이런 느낌을 내색하지 아니하고, 김사장은 모텔의 주변상권을 둘러 보았다. 며칠을 그곳에서 살펴보니, 모텔을 이용하는 고객으로 숙박은 거의 만원이고, 낮손님 즉 대실고객도 많아서 꽤나 높은 수익을 올리고 있는 것으로 조사되었다.

김사장은 소개받은 모텔을 인수하기로 결심하고 먼저 중개업소 사장에게 말하였다.

"사장님! 소개해준 모텔은 그렇게 영업이 잘되는 곳은 아닌 것 같습니다. 그리고 권리금이 1억원이라니 너무 비싼 편입니다. 권리금만 적당히 조정하면 내가 한번 가게를 살려볼 생각은 있습니다."

"그래요? 그러면 권리금을 어느 정도로 생각하고 있습니까?"

"원래 요구한 금액의 절반인 5천만원 정도하면 한번 해볼 생각입니다."

결국 중개업소에서 조정하여 권리금은 양도인도 일보 양보하고, 양수인인 김사장도 일보 양보하여 8천만원에 계약하기로 하였다. 그렇게 하여 중개업소에서 권리금계약서를 작성하고, 건물주와 임대차계약서를 작성한 후에, 김사장은 모텔을 양수하여 영업을 하였다.

김사장은 영업수완을 발휘하여 인근에서는 가장 잘나가는 모텔로 탈바꿈시켰다. 이제 김사장은 그 동안 벌어놓은 돈으로 모텔을 직접 매입하여 영업할 것을 결심하였다.

동대문구의 ☆☆☆호텔(모텔) 주차장

　그리하여 동대문구에서 운영하던 모텔을 인수한지 4년만에 다시 중개업소에 내어 놓았다. 그리고 새로운 모텔 인수자가 나타나자 김사장은 4년전에 작성했던 권리금계약서와 권리금에 대한 영수증을 모텔 인수자에게 보여 주었다. 더불어 비밀리에 갖고있던 숙박업 명부와 매출장부도 보여주니 모텔 인수자는 기꺼이 김사장이 요구한 권리금을 주면서 모텔을 양수하였다.

　김사장 처럼 권리금을 주었을 때는 꼭 권리금계약서와 영수증을 보관하여야 나중에 권리금을 받을 때에 유용하게 사용할 수 있다. 권리금을 받을 때에는 권리금 받는 명분과 증빙자료가 필요하다. 바로 이러한 명분과 증빙자료가 권리금계약서와 영수증임을 명심하라.

"백문(百聞)이 불여일견(不如一見)이라."

백 번 듣는 것이 한 번 보는 것보다 못하다는 뜻으로, 직접 경험해야 확실히 알 수 있다는 말이다. 권리금을 잘 받으려면, 자신이 과거에 양도인에게 주었던 권리금계약서와 영수증을 잘 챙겨 놓았다가, 상가를 인수하려는 양수인에게 보여줘라. 그러면 '백문이 불여일견'처럼 양수인도 권리금에 대한 이의를 달 수 없을 것이고, 권리금을 주어도 나중에 다시 받을 수 있겠다는 확신으로 기꺼이 권리금을 줄 것이다.

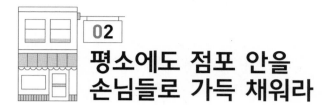

02
평소에도 점포 안을
손님들로 가득 채워라

L여사는 어렸을 때부터 손재주가 좋아서 많은 사람들로부터 사랑을 받았다. 그녀는 대학을 졸업하고 회사생활을 하다가 소개팅에서 만난 멋진 남자와 결혼을 하였다. 첫째 아이를 낳고 둘째 아이까지 가진 미시족이 되었으나 여전히 젊은 감각을 유지하며 직장생활을 계속하였다.

어느날 L여사는 어렸을 때부터 단짝이던 친구와 만나서 재미있게 이런저런 이야기를 하였다.

"영숙아! 너는 어렸을 때 손재주가 좋아서 친구들이 몹시 부러워했지!"

"글세, 그랬던가? 하긴 공기놀이는 내가 제일 잘했어."

"그래, 고무줄놀이도 네 편이 되면 이기니 모두 네 편이 되려고 했잖아?"

문득 옛날이 그리워지며 옛 친구들이 보고파져 L여사는 친구와 한 동안 상념에 묻혔다. 그러다가 친구가 긴 상념을 깨뜨리며 말을

이었다.

"영숙아! 너는 손재주가 좋으니, 네 손기술을 살려보는 것이 어떻겠니?"

"어떻게?"

"네 뛰어난 손기술로 미용실을 해보면 어떨까?

많은 사람에게 좋은 일도 해주고, 네 기술도 살릴 수 있지 않을까?"

"미용실?"

그렇잖아도 틀에 얽매인 직장생활에 권태기를 느끼던 L여사는 친구의 말을 곱씹어 보았다.

얼마 후, L여사는 미용학원에 등록을 하고 본격적으로 미용기술을 배웠다. 손기술이 좋은 그녀는 학원생들 중에서도 인기였다. 열심히 노력한 결과 헤어미용자격증을 따고 연이어 피부미용자격증까지 땄다.

넓고 아늑한 분위기의 ○○헤어살롱 전경도

L여사는 남편과 상의한 후에 직장을 그만두고 본격적으로 미용실을 개업하기 위해 미용실 자리를 알아 보았다. 마침 거주하는 아파트 인근에 꽤나 넓은 점포가 매물로 나와서 가격을 협상하여 임대차계약을 체결하였다.

점포 인테리어를 하고 미용기구를 구입하며 직원을 채용하는 등으로 눈코 뜰새없이 바쁜날의 연속이었다. 드디어 오픈식! L여사는 친구들과 동네 사람들을 초청하여 조촐하게 개업식을 하였다.

L여사의 미용실은 주위의 경쟁업체보다 넓고 쾌적한 공간에 다양한 여성잡지를 구비하여 대기하는 손님들이 편안하게 책을 볼 수 있게 꾸몄다. 또한 커피를 비롯한 손님들의 취향에 맞는 차를 준비하여 원하는 고객은 언제든지 차를 마시게끔 서비스를 제공하였다.

무엇보다 L여사의 미용기술은 입에서 입으로 소문이 나서 금새 단골이 늘어났다. 원래부터 손재주가 좋은 L여사는 시간이 갈수록 손님의 특성과 취향에 맞게 헤어 스타일을 가꾸어가니 미용실은 언제나 손님들로 넘쳐났다.

L여사는 정성스레 손님의 헤어 스타일을 다듬어 주며, 손님과 이런저런 대화를 나누는 것이 마냥 즐겁기만 했다. 전에 직장생활을 할 때는 상사의 눈치를 보며 월급날만 기다렸는데, 이제는 매일매일이 새롭고 활기가 넘쳐났다.

그러던 어느날, 비교적 손님이 많지않은 시간에 젊은 남자분이 들어와서 명함을 건네며 말을 붙여왔다.

"사장님! 혹시 이 미용실을 넘길 생각은 없으십니까?"

'아닌 밤중에 홍두깨 라나!'

이런 생각을 하며 L여사는 그 젊은 남자가 건네준 명함을 훑어 보았다.

명함에는 「○○ 헤어/ 실장 ◎◎◎」 라고 적혀 있었다.

"제 고객중에 한 분이 미용실을 개업하려고 하다가 사장님의 가게가 마음에 드신다며 인수의사를 피력하였습니다. 그 후, 저는 몇 주 전부터 사장님의 미용실을 살펴보고 있었습니다."

"아니, 남의 가게를 본인의 의사도 없이 그렇게 알아봐도 됩니까?"

"예, 지금 당장 답을 달라는 것은 아니고... 생각을 해 보셨다가 뜻이 있으면 말씀을 해 달라는 것입니다."

"그런 일은 없을 꺼야요. 전혀 생각도 해보지 않았으며, 앞으로도 가게를 내어놓을 일은 없을 거니까. 그렇게 아세요."

L여사로부터 가게를 내어놓을 뜻이 없다는 것을 알고 난 그 젊은 남자는 그 후에도 몇 번이나 더 L여사를 찾아왔다. 하지만 번번이 가게를 내어놓을 뜻이 없다는 것을 확인할 뿐이었다.

그로부터 몇 달 후, L여사의 미용실 인근에 대형 미용실이 들어왔다. 바로 L여사가 젊은 남자로부터 받은 「○○헤어」의 체인점 미용실이었다. 그걸 바라보는 L여사의 마음은 착잡하기만 했다.

시간이 지날수록 L여사의 미용실 손님은 줄어들고 경쟁업체인 「○○헤어」의 체인점 미용실 손님은 늘어났다. 그것을 바라보는 L여사의 속은 타들어 갔지만 애써 담담하게 영업을 해나갔다.

「○○헤어」체인점 미용실이 들어온지 6개월, L여사는 자신의 미용실을 정리하고 조금 쉬었다가 다른 곳에서 미용실을 개업해야 되겠다고 결심했다. 그렇다면 현재의 미용실을 예전처럼 살려야 권리금도 받고 떳떳하게 가게를 넘길 수 있으리라. 이렇게 마음을 정리하자 우선 해야되는 것은 예전처럼 미용실에 손님이 넘쳐나고 장사가 잘되어야 한다는 것이다.

○○헤어살롱의 코너모습

그로부터 L여사는 평소보다 1시간 빨리 출근하여 가게 문을 열고 깨끗하게 미용실을 청소했다. 아직 직원들은 출근하지도 않았지만 L여사는 모든 일과를 준비하여 놓고 밝게 웃으며 출근하는 직원들을 맞이했다.

그리고 손님들이 들어오면 정성스레 머리손질을 하여주고, 미용이 끝난 손님과는 차를 마시며 담소를 나누었다. 저녁에도 모든 일과를 마친 후에 직원들을 퇴근시키고 마지막에 L여사가 퇴근하였다.

그러자 먼저 바뀐 것은 직원들의 근무태도였다. 전에는 그냥 그런대로 근무하며 손님의 머리손질을 하던 직원들도 솔선수범하는 L여사를 따라서 손님에게 차를 권하고 원하는 헤어스타일을 묻고 깎듯이 친절을 베풀었다.

다음으로 손님들이 하나 둘씩 늘어나기 시작했다. 워낙 손재주가 좋은 L여사의 미용기술이라 머리손질을 마친 손님들은 아주 만족해 하였다. 인근에 있는 경쟁업체인 「○○헤어」체인점 미용실보다 L여사의 미용실에서 머리손질을 한 손님들의 만족도가 더 좋다는 입소문이 나자 L여사의 미용실은 예전처럼 활력이 넘쳐나며 손님들로 북적였다.

L여사가 마음을 다잡고 미용실을 성공적으로 살린 후 1년이 지났다. 이제 L여사의 미용실은 인근에서 가장 장사가 잘되는 미용실로 소문이 났다. L여사의 미용실에서 머리손질을 한 손님들은 거의 대부분이 다시 L여사의 미용실을 찾게되고, L여사는 이들을 따뜻하게 맞이하며 이야기꽃을 피웠다.

어느날, 부동산중개업소 사장이 L여사의 미용실에 들려서 머리손질을 한 후에 은근히 말을 부쳐왔다.

"사장님! 미용실을 한번 해보겠다는 사람이 있는데, 이 미용실을 넘길 생각은 없으십니까?"

"글쎄요, 한번 생각해 볼께요."

"예, 제가 고객을 설득하여 사장님이 원하는 권리금을 받아줄테니 한번 만나 보시지요?"

이렇게 중개업소 사장의 소개로 L여사는 마지못하는 척하며 미용실을 인수하겠다는 사람을 만났다. 그 사람과 부동산중개사무실에서 가게를 넘기는 조건을 말하고 중개업소 사장의 중개로 권리금계약서를 작성하였다.

물론 권리금은 L여사가 부르는 금액과 미용실을 인수하고자 하는 사람간에 차이가 있었으나 중개업소 사장이 중재한 가격에서 흥정을 마무리했다. 하지만 L여사가 원래 권리금으로 받으려고 내심적으로 정했던 금액은 충분히 받을 수 있는 금액이었다.

권리금을 받기를 원하는가? 그렇다면 가게를 정상적으로 영업이 잘되게 하고 난 다음에 넘겨 주어야 한다. 일시적으로만 영업이 잘되게 하고 가게를 넘기려면 '눈감고 아웅'하는 식으로 곧 들통이 나게 마련이다. 평소에도 손님들로 북적되게 하고 장사가 잘되는 것을 보여 주어야 가게를 인수하려는 사람도 나타나고 권리금도 제대로 받을 수 있다.

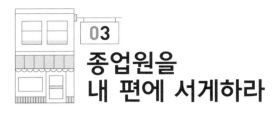

종업원을
내 편에 서게하라

　최근들어 양사장은 정들었던 편의점을 그만둘 생각으로 잠을 설치고 있다. 우선은 몸이 예전처럼 팔팔하지 않고 저녁때만 되면 어깨부터 결리는 것이 좀 쉬어야겠다는 생각이 든다. 그의 아내도 남편의 기력이 약해진 것을 알고는 가게를 접으라고 채근한다.

　하지만 양사장은 가게를 계속하고픈 욕심이 있는 것도 사실이다. 왜냐하면 양사장의 편의점은 서울시 강남지역의 목이 좋은 곳에 위치하고 있어 장사가 잘되는 편이었다. 무엇보다도 오랫동안 편의점을 하면서 동네분들과 정도 들었고 단골손님도 많이 있으며 수입도 괜찮았다.

　양사장이 이 곳에 편의점을 오픈한 것도 벌써 수년 째가 되어간다. 그의 편의점은 나홀로 아파트와 단독주택, 다가구주택, 빌라 등이 밀집한 주거지역에 도로의 코너에 위치하고 있다. 주변에는 대형마트가 없을 뿐만이 아니라 앞으로도 대형마트는 들어설 곳이 없는 그야말로 편의점 위치로는 최상의 입지를 갖춘 곳이었다.

　그의 편의점은 24시간 영업하면서 알바생을 2명 두고 양사장과 교대로 근무하였다. 낮에는 주로 알바생이 근무하고 야간에는 양사장과 알바생 1명이 번갈아 가며 일하였다. 때로는 손님중에 취객이 호기를 부리며 말썽을 부리기도 하였으나, 인근에 파출소가 있어서 연락하면 바로 순경이 출동하여 해결해주니 편의점을 하기에는 안성마춤이었다.

그럼에도 불구하고 최근의 몸 상태를 보면 편의점을 그만두는 것이 좋겠다는 판단이다. 이런저런 생각으로 망설임이 많았으나 결국에는 편의점을 그만두기로 결심하였다. 드디어 그는 인근에 있는 부동산중개사무실을 찾아가서 가게를 내놓겠다고 하였다.

"사장님! 저의 가게를 내놓아 주세요."

"예, 평수는 얼마나 되세요?"

"약 30평 정도됩니다."

"보증금은 얼마이고 월세는 얼마예요?"

"보증금은 5천만원이고 월세는 120만원입니다."

"권리금은 있습니까? 권리금은 얼마입니까?"

"시설권리금으로 물건값 포함해서 8천만원만 받아 주세요."

이렇게 하여 부동산중개사무실에 가게를 내어놓고 편의점으로 돌아온 양사장은 알바생들에게 가게를 내놓았다고 설명하였다. 그로부터 수일이 지나자 부동산중개사무실에서 가게를 인수할 사람을 데리고 오기 시작했다.

많은 사람이 가게를 보고 갔으나 쉽사리 가게를 인수하겠다고 나서는 사람이 없었다. 이미 가게를 정리하겠다고 결심한 양사장은 더 이상 편의점에 미련이 없으므로 하루빨리 가게가 나가기만을 기다렸다.

가게를 내놓은지 수개월이 지나자 양사장은 걱정이 되어서 부동산중개사무실로 찾아갔다.

"사장님! 왜 아직까지 가게를 인수하겠다는 사람이 없을까요?"

도로의 코너에 자리잡은 ☆☆편의점 전경도

"글쎄요. 꽤 여러 사람을 데리고 갔었는데 말입니다."

"혹시 제 가게 자리가 목이 좋지 않아서 일까요?"

"아닙니다. 편의점 자리로는 괜찮은 자리인걸요."

"그럼 왜 가게가 나가지 않을까요?"

"아, 참! 몇 분이 제게 말씀을 하였는데, 영업이 잘 안된다고 하더 군요."

"아니, 누가 영업이 잘 안된다고 합니까? 저의 편의점은 영업도 잘되고 매출도 많은 걸로 체인사업본부에서도 알고 있는데요."

"그래요? 제가 보낸 사람들이 한번 보고 결정하는 것이 아니라, 두세번 점포를 방문하여 이것저것 물어봅니다. 그 때 아마 편의점 종업원이 영업이 잘 안된다고 하였는가 봅니다."

'아하! 그렇구나!'

양사장은 부동중개업소 사장과 이야기를 나누면서 가게가 나가 지 않은 원인을 파악했다. 바로 양사장이 채용하고 있는 알바생이 가게가 넘어가면 아르바이트 일자리를 잃게될 것을 염려하여 가게 를 보러 오는 사람에게 영업이 잘 안된다고 말하였던 것이다.

양사장이 있을 때는 열심히 일하였으나, 양사장이 없을 때에 가게를 보러 오는 사람에게 장사가 잘 안된다고 말하는데 누가 가게를 인수하려고 하겠는가? 처음에는 목이 좋다고 생각한 사람이라도 매출이 별로 없다고 말하는 알바생의 말에 가게를 인수할 정나미가 떨어져 나갈 수 밖에 없지 않은가!

　가게가 나가지 않은 원인을 파악한 양사장은 이튿날 알바생을 그만두게 하였다. 그리고 새로운 알바생을 채용하였다. 동시에 새로 들어온 알바생에게 솔직하게 가게를 내어놓게 된 사연을 말하면서 알바생의 협조를 구하였다. 가게가 나가게되면 아르바이트 일을 그만두게 되는 만큼 충분한 보상을 하겠노라고!

　마음이 착한 알바생은 기꺼이 주인의 마음으로 손님에게 설명하며 가게를 넘기는데 일조하겠다고 다짐하였다. 그리고 한 달이 지나갔다. 이제 부동산중개업소에서 가게를 인수할 사람을 데리고 오면, 양사장이 없어도 알바생이 친절하게 가게에 대해서 목이 좋으니 장사하면 잘 될 것이라고 설명을 하여 주었다.

　과연, 편의점 주인이나 종업원이 한 마음이 되어 손님에게 설명하니 효과가 나타났다. 가게를 보러 온 손님중에 편의점을 인수하겠다고 나선 사람이 있었다. 부동산중개업소에서 그 손님과 만나서 이야기를 나누는 중에 양사장은 다시 한번 알바생에게 고마움을 느꼈다.

　"제가 가게를 인수하겠다고 한 것은 편의점 종업원의 친절과 영업현황에 대한 자세한 설명 덕분입니다. 종업원은 마치 주인의 마음으로 손님을 맞이하고 매출현황에 대해서도 가감없이 그대로 설명해 주더군요."

　"예, 그래요. 저도 종업원이 성실하고 정직하여 믿음을 주고 있습니다.”

“제가 편의점을 인수하고 영업할 때에 그 종업원을 계속 채용할 생각입니다.”

“예, 고맙습니다.”

이렇게 하여 권리금도 원하는 만큼 다 받고 가게를 넘긴 양사장은 조용히 알바생과 저녁을 함께 하였다.

“미스터 박! 그 동안 고마웠어. 이번에 가게를 넘긴 것은 전적으로 미스터 박의 도움이 있어서 가능한 것임을 알아.”

“아닙니다. 사장님!”

“아냐, 미스터 박이 친절하고 내 마음처럼 손님에게 설명했기 때문이야.”

양사장은 알바생에게 가게를 넘기면 보상하겠다고 약속했던 금전을 쥐어주며 그 동안의 도움에 대해 감사를 표했다.

권리금 받기를 원하는가? 그렇다면 주인의 마인드로 가게를 돌아보고 손님에게 설명해줄 종업원이 필요하다. 그렇지 않다면, 공든탑이 무너지듯이 권리금은 고사하고 가게를 넘기는 것 조차도 어려울 것이다.

주인이 있는 데서는 친절하게 일하는 것처럼 하고, 주인이 없을 때는 가게에 대해 악평을 하거나 무성의하게 말하면 누가 가게를 인수하려고 하겠는가? 마치 고양이에게 생선을 맡긴 꼴로 알맹이는 없고 쭉정이만 가득할 것이다.

사업에 성공하려면 주인과 종업원이 한 마음이 되어서 최선을 다하여 일해야 한다. 특히 가게를 정리하거나 권리금을 받고 가게를 넘기고자 할 때는 종업원이 내 편에서 손님에게 설명하고 설득해야 한다.

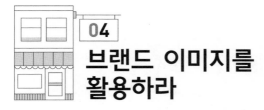

04 브랜드 이미지를 활용하라

순대국 하나로 수많은 체인점을 창업하고 사업을 성공시켰다면 실감이 나는가? 그런데 실제로 수많은 체인점을 거느리고 대박을 터뜨린 브랜드가 있으니 바로 무봉리 순대국이다.

무봉리 순대국은 1997년에 프랜차이즈 사업을 시작했으니 창업한지 그렇게 오래되지는 않았다. 그럼에도 불구하고, 현재 전국에 300여개가 넘는 체인점 매장을 보유할 정도로 성장하였으니 가히 비약적으로 발전한 기업임에 틀림없다. 오늘날 순대국하면 무봉리 순대국을 떠올릴 정도이니 우리나라를 대표하는 순대국 맛집이라고 할 수 있다.

무봉리는 살찐돼지 형상의 CI를 갖고 있다. 치켜세운 엄지손가락은 세계 일등브랜드를 지향하며, 돼지형상은 무봉리 대표메뉴인 순대국을 의미한다. 노란색을 주요색으로 표현된 엄지손가락을 치켜세운 살찐 돼지형상은 창업자의 평소 지론처럼 넉넉함의 한국적 정서로 세계를 향해 일등을 목표한다는 의미를 안고 있다.

무봉리 순대국의 CI

　서울시 강북지역의 무봉리 순대국집에서 점심식사를 한 적이 있다. 순대국의 맛이 냄새도 안나고 육수가 진하며 고기와 순대도 맛있었다. 이곳에서 식사를 하면서 느낀 것이 순대로 요리를 한 메뉴가 아주 다양하다는 것이다.

　기본메뉴는 당연히 순대국이 들어간다. 무봉리 순대국에서는 이를 담백한 맛의 토종순대국이라는 메뉴로 출시한다. 이외에도 철판볶음, 토종순대전골, 찰순대, 토종순대, 토종순대모듬 등으로 다양하다.

　일반인은 맛으로 순대를 먹고 순대요리를 음미한다. 무봉리 순대국 체인점에서는 맛 뿐만아니라 순대의 효능에 대해서도 자세히 알려주고 있다. 순대는 철분의 훌륭한 공급원으로서 빈혈의 우려가 있는 여성에게 적합한 영양식품이다. 또한 동맥경화나 심근경색을 막아주고 고혈압이나 심장병 환자에게 유용하다. 특히 콜레스테롤로 인한 질병을 예방하고 변비해소에 효과가 있다고 한다.

　무봉리 순대국집에서 식사를 하고 나오며 많은 생각이 들었다. 수많은 자영업자가 장사를 하는 목적은 많은 손님에게 물건을 팔아서 손님도 만족해하고 사업자도 돈을 벌려고 한다. 그런데 어떤 가게는 손님들이 넘쳐나고 어떤 점포에는 손님이 별로 없다.

강북지역의 무봉리 순대국집

왜 그럴까? 식당을 예로 들어보자. 손님들은 식사를 하려고 하면 수많은 식당중에서 자기가 식사를 할 식당을 선택한다. 기존에 단골로 가는 식당이 있으면 그곳으로 가면된다. 깨끗하고 아늑한 분위기를 선호하는 손님이라면 이런 류의 식당을 찾아서 들어간다.

맛집을 선호하면 유명하게 알려진 맛집을 찾아간다. 비록 맛집이 멀리 떨어져 있어도 차를 타고가서 맛집을 찾는 이가 있다. 시내에 있는 식당이라면 손님이 많이 식사를 하는 곳을 찾아 들어간다. 왜냐하면 손님이 많은 곳이 손님이 적은 곳보다는 그래도 음식맛이 괜찮기 때문이다.

그 중에서도 브랜드가 알려진 식당을 찾는 것이 가장 일반적이다. 브랜드 이미지 때문에 본사에서는 메뉴에 신경을 쓰고 맛에 사활을 걸기 때문에 음식맛이 좋을 수 밖에 없다. 음식맛이 좋으면 손님들도 많아지고 손님이 많아지면 매출은 높아지며 장사는 잘되게 되어 있다. 장사가 잘되면 돈도 벌고 나중에 가게를 넘길 때에 권리금도 받기에 수월하다.

결국 권리금을 잘 받는 비결은 바로 브랜드 이미지를 활용하는 것이다. 브랜드 이미지를 활용하는 방법은 프랜차이즈 브랜드와 개별 브랜드에서 약간의 차이는 있다.

먼저 프랜차이즈 브랜드라면, 처음에 장사를 시작할 때에 본사에서의 지원과 교육, 물류 시스템을 체크하고, 가맹비와 인테리어, 가맹점의 인계·인수 조건 등을 따져보아야 한다. 이렇게 하여 가맹점 영업을 하다가 가게를 넘길 때는 본사 가맹점 담당자와 좋은 관계를 유지하여 최적의 조건하에서 가게를 넘기도록 한다.

브랜드가 프랜차이즈가 아닌 개별 브랜드라면, 장사를 잘해서 고객이 많아야 하고 이를 적극적으로 활용하여 브랜드 이미지가 유지될 수 있도록 신경을 써야 한다.

권리금은 브랜드 이미지에 따라서 덜 받기도 하고 더 받기도 한다. 그러므로 가게를 넘길 때에 권리금을 잘 받으려면 브랜드 이미지를 높이고 이를 잘 관리해야 한다.

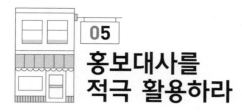

홍보대사를
적극 활용하라

05

얼마전에 종영한 KBS 드라마 『태양의 후예』가 높은 시청률로 많은 국민의 사랑을 받아왔다. 더불어 주인공으로 등장한 송중기도 인기가 급상승하며 광고업계에서 귀하신 몸이 되었다. 전자, 의류, 화장품, 면세점, 스마트폰 등의 기업들이 송중기를 모델로 내세우기 위해 치열한 경쟁을 벌이고 있다.

기업에서는 인기있는 연예인에게 높은 CF출연료를 주어도 몇 배의 수익이 날 수 있으므로 서로 모셔가기에 힘을 쏟고있다. 바야흐로 오늘날은 광고시대이며 소비자들의 선택에 큰 몫을 하는 것이 바로 광고이기 때문이다.

광고란 기업이나 개인 또는 단체가 상품이나 서비스, 이념, 신조, 정책 등을 세상에 알려서 소기의 목적을 거두기 위해 투자하는 정보활동을 말한다.

미국의 마케팅협회는 "광고란 누구인지를 확인할 수 있는 광고주가 하는 일체의 유료형태에 의한 아이디어, 상품 또는 서비스의 비

대개인적(非對個人的 : nonpersonal) 정보제공 또는 판촉활동이다"라고
정의하였다.

　광고는 글이나 그림·사진·도안·영상·소리 등의 표현메시지를 신
문·잡지·라디오·텔레비전 등의 대중매체 또는 우편·포스터·팜플
렛·옥외광고· 극장·인터넷 등 다양한 전달매체에 게재 또는 방송
한다.

유명치킨집 출입구에 놓인 ☆☆맥주 광고간판

　이로써 예상구매자에게 상품 및 서비스 등에 관한 정보내용을 널
리 전달, 설득하여 판매 등 소기의 목적달성을 촉진하고자 하는 활
동이다. 이러한 광고는 제품이나 서비스를 소비자로 하여금 구매하
도록 수요를 자극하거나 제품에 이미지를 부여하기 위해서 행해지
며, 기업이미지를 높이기 위하여 시도되기도 한다.

　광고와 비슷한 개념에 홍보가 있다. 홍보란 기업이나 단체 또는
관공서 등의 조직체가 커뮤니케이션 활동을 통하여 스스로의 생각

이나 계획·활동·업적 등을 널리 알리는 활동을 말한다.

홍보의 목적은 각 조직체에 관한 소비자나, 지역주민 또는 일반의 인식이나 이해 또는 신뢰감을 높이고 합리적이고 민주적인 기초 위에 양자의 관계를 원활히 하려는 데 있다.

어찌되었건 광고와 홍보 모두 일반 대중에게 알린다는 측면에서는 동일하다고 할 수 있다. 이와같은 광고 또는 홍보를 하는 연예인이나 모델을 홍보대사라고 표현해도 좋을 것이다.

오늘날 홍보대사라는 말은 일반화된 용어이다. 관공서나 기업체 또는 각종의 조직위원회에서는 유명 연예인을 홍보대사로 기용하여 기업이나 조직체의 활동을 널리 알린다.

마찬가지로 상가나 점포의 영업활동에도 홍보대사를 활용하는 것이 효과적이다. 이는 사업을 하는 동안에만 국한된 것이 아니고 사업을 다른 사람에게 넘겨줄 때도 마찬가지이다. 사업이 잘되고 장사가 잘되면 권리금도 잘받고 나갈 수 있기 때문에 권리금 받는 데도 홍보대사가 지대한 역할을 한다고 할 수 있다.

남대문시장에서 악세서리 사업을 하는 지인이 한 분 있다. 이분은 공장을 갖추고 직접 악세서리를 제작하여 매장에서 판매를 하는데, 백화점에도 납품하며 외국에 수출도 한다. 판매량을 보면 국내 소비자들에게 판매하는 것보다는 외국에 수출하는 비중이 훨씬 많다고 하니 국가경제에 이바지하는 바가 크다.

어느날 남대문시장에 유명연예인인 한지혜가 등장하였다고 한다. 인기 드라마의 여주인공이자 톱텔런트가 등장하자 사람들이 우루루 한지혜를 보기위해 몰려들었다.

필자가 알고있는 악세서리 사장도 한지혜를 보고는 그 미모에 감탄하면서 얼른 악세서리를 한 웅큼 선물했다고 한다. 인기 연예인 특히 톱텔런트의 옷차림이나 손목에 차고있는 악세서리 또는 헤어 스타일에 나타나는 머리핀 하나하나가 바로 수많은 사람들에게 영향을 미친다.

한지혜가 손목에 차고있는 악세서리가 어느 회사의 어떤 제품이라고 알려지면 사람들은 너도나도 그 악세서리를 구입하려고 할 것이고, 매출은 엄청나게 올라갈 것이기 때문이다.

사업에 성공하려면 기본을 잘하고 시대에 맞는 트랜드를 쫓아가야 한다. 기본에 충실하는 것은 당연히 정직하고 성실하며 고객니즈를 충족시켜서 고객만족을 이끌어내는 것이다. 여기에 트랜드에 맞게 쫓아가는 것이 홍보대사를 기용하여 대외적으로 사업을 알리고 광고하는 것이다.

권리금을 잘 받는 비결은 무엇보다 장사가 잘되어야 한다. 장사만 잘되면 권리금은 양도인이 원하는 대로 양수인이 기꺼이 지불하려고 할 것이다. 따라서 장사가 잘되게 하려면 기회가 있을 때에 최적의 투자로 최대의 효과를 얻을 수 있도록 홍보대사를 적극적으로 활용해야 한다.

장사의 신이 되는 비결

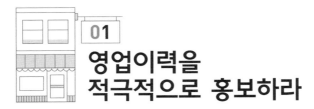

01
영업이력을
적극적으로 홍보하라

장사의 신은 아무나 되는 것이 아니다. 흔히 범상한 수준을 벗어나서 최고의 수준에 이른 것을 '신의 경지'라고 하며, 영어에서는 grandmaster 또는 'best of best'라고 한다.

진정한 '장사의 신'이란 각개 분야에서 저마다 최고의 경지를 초월하여 여러 분야의 영업을 통틀어서 전체 영업에서 가장 장사를 잘하는 한 사람 또는 하나의 기업이어야 한다.

그러나 여기서 말하고자 하는 장사의 신은 이와같은 'best of best'를 의미하는 것이 아니라, 각계에서 즉 하나의 분야에서 타의 추종을 불허하는 경지에 이른 사람을 말한다.

장사의 신이 되는 비결은 이러한 영업비결을 갖고 자기가 영업을 하는 분야에서 경쟁점포를 따돌리고 영업이익을 극대화하는, 장사의 신이 되고자 하는 비결을 의미한다고 해야 할 것이다.

몇 달 전에 부평에 용무가 있어서 갔을 때의 일이다. 마침 점심시간이라 어디에서 점심식사를 할까 식당을 찾아보다가 부평구청역 옆에 있는 감자탕집이 눈에 들어왔다. 식당 간판도 깔끔하거니와 상호 옆에 'SINCE 2002'라는 문구가 마음을 사로잡았다.

'아하! 이 식당은 2002년부터 영업을 한 이력이 있구나! 그렇다면 그 동안 음식맛도 갈고 닦아서 맛있겠구나!'

이런 생각에 식당문을 열고 안으로 들어갔다.

제법 널찍한 홀안에 사람들이 저마다 맛있게 식사를 하고 있었다.

홀에 앉아서 종업원이 가져다 주는 메뉴판을 살펴보았다.

가격대도 일반 식당과 거의 비슷하여 '우거지 해장국'을 주문하였다.

부평구청역 옆에 있는 감자탕 식당

음식이 나오는 동안 무료하여 스마트폰을 보다가, 테이블위에 놓여있는 "○○감자탕 이야기"가 있는 것이 보였다. 거기에는 다음과 같은 식당의 이력이 적혀 있었다.

참! 재미있는 식당의 이력을 적어 놓은 것이다.

여기에는 언제부터 영업을 개시하였는지, 어느 누구가 다녀갔는지, 맛있는 집으로 어느 언론에 선정되었는지... 등등에 대한 내용이 담겨 있다.

이 이력서를 보는 순간, 고객들은 안심하고 맛있게 식사를 할 것이라는 생각을 하였다. 왜냐하면 음식에 자신이 없으면 식당의 이력을 밝힐 수 없을 것이고, 더욱이 저명한 인사들도 다녀간 것을 홍보할 수가 없을테니까.

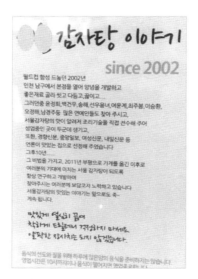

식당의 이력이 적혀있는 테이블 메모판

음식맛은 입맛으로만 보는 것이 아니다. 미각, 후각, 시각, 촉각 … 다양하게 우리의 입맛을 돋우는 것이 바로 맛의 향연이다. 때로는 보는 것만으로도 군침이 돌고, 때로는 만지는 것만으로도 맛을 음미할 수가 있다.

감자탕 집에서 식당의 이력을 보는 순간에 벌써부터 맛있는 해장국의 맛을 느낄 것만 같았다.

과연, 조금있으니 맛있는 '우거지 해장국'이 배달되었다.

해장국을 맛있게 먹고 계산대에서 식사비를 계산하였다.

종업원도 친절하고 모든 것이 만족스러운 점심식사였다.

장사의 신이 되는 비결은 이와같이 회사의 이력! 영업의 내력! 식당의 출발에서부터 현재까지의 이력을 간단하게나마 고객들에게 자신있게 알리는 것에서 출발한다.

여기에 날마다 음식맛을 개발하고 새벽일찍 시장에서 신선하고 좋은 식재료를 선별하여 정성껏 요리한 다음에 깨끗한 그릇에 보기 좋게 담아서 손님에게 접대하라.

또한 손님은 모두 같은 입맛을 가진 것이 아니므로 조금 특별한 손님이라고 생각되면, 손님에게 간은 짜게해도 되는지 아니면 조금 싱겁게 요리하는 것이 좋은지 곁들여서 물어보고 이에 맞게 요리한다. 이렇게 서비스하면 손님들이 '아하! 이 집은 정말 손님에게 정성을 다하는구나!'라고 생각할 것이다.

장사의 신이 되고자 하는가? 먼저 영업의 이력을 알리고, 저명한 인사가 다녀갔으면 이를 적극적으로 홍보하라. 이것은 자신감의 표출이며 더 나은 서비스를 제공하겠다는 고객과의 약속이다.

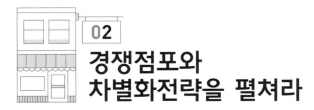

02 경쟁점포와 차별화전략을 펼쳐라

　동종업종과 같은 상권에서 장사를 하면 여간 신경이 쓰이는 것이 아니다. 내 상가에는 손님이 별로 없는데 경쟁점포에는 손님이 바글바글 북적이면 이처럼 속상하는 것은 없다. 당장에라도 경쟁점포에 달려가 손님을 끌고와서 내 상가의 빈 자리를 채우고 싶은 심정이다.

　하지만 어쩌랴! 아무리 애를 써도 경쟁점포에는 손님이 많고, 매출액도 높아서 비교하면 할수록 내 속만 타들어가는 것을! 이럴 경우에 내가 할 수 있는 최선의 방법은 영업전략을 새롭게 짜야한다는 것이다. 면밀하게 경쟁점포에 손님이 많이 모여드는 원인을 분석하고 장사가 잘되는 비결을 연구해야 한다.

　여기, 주변의 많은 경쟁점포를 따돌리고 항상 손님들이 넘쳐나고 매출이 높은 커피전문점을 소개하고자 한다. 바로 서울의 성북구에 있는 커피전문점이다.

이 커피전문점은 얼마전에 오픈하였는데 넓고 쾌적한 공간에 테이블마다 컴퓨터를 사용할 수 있도록 전원 콘센트 장치를 설치하였다. 우선 주변의 커피전문점은 보통 홀의 넓이가 10평에서 30평 정도의 규모가 일반적 크기이다.

성북구에 있는 ☆☆커피전문점

그런데 ☆☆커피전문점은 크기면에서 다른 커피전문점을 압도하고 있다. 즉 홀의 넓이가 80평 이상으로 굉장히 넓어서 앞이 확 트이고 막힘이 없다. 보통의 커피전문점은 몇 팀만 앉으면 홀안이 가득차서 부딪히고 충돌하여 서로가 불편한 면이 있어도 감내해야 한다. 하지만 ☆☆커피전문점은 넓직한 공간으로 인하여 서로 부딪힐 일이 전혀없다.

'규모의 경제'라는 말이 있다. 이는 대량생산의 이익 또는 대규모

경영의 이익이라는 뜻이다. 즉 대규모 생산과 설계의 표준화를 통해서 생산원가를 줄이고 컨베이어 시스템 등 다양한 경영학 기법을 통해서 생산량을 늘려서 이익을 극대화하는 것이다. 이 커피전문점도 규모의 경제원리를 원용하여 공간의 크기를 넓히면서 매출을 극대화하는 전략을 채택한 것이다.

☆☆커피전문점이 이렇게 규모의 경제원리를 적용하여 넓은 공간을 제공하니 젊은 고객들에게 인기가 만점이다. 예전 세대에는 좁은 공간에 부딪히며 살아도 서로가 이해하며 살았다. 하지만 요즈음의 젊은 세대는 다른 사람에게 불편을 주기도 싫어하며, 또한 다른 사람으로부터 불편함을 받기도 싫어하는 개성이 강한 세대이다.

따라서 이런 젊은 세대는 좁은 공간에서 서로 북적대며 부딪히는 것을 싫어한다. 어차피 커피전문점은 시간을 여유있게 보내거나, 다른 사람과 만남을 약속하여 기다리거나, 만나서 대화하는 장소가 아닌가? 이런 여유로움을 즐길 수 있는 공간이 커피전문점이므로, 이러한 측면에서 공간넓이를 크게하는 것은 시대적 배경과도 맞아 떨어지는 전략이다.

또한 ☆☆커피전문점은 테이블마다 전원 콘센트 장치를 설치하여 노트북을 볼 수 있게 하였으며, 스마트폰의 건전지를 충전하도록 하였다. 스마트폰의 건전지가 소모되면 편의점에서 요금을 내고 충전하는 것이 일상적이었는데 이런 불편함을 없앤 것도 젊은 세대에게는 호응이 높은 요인이다.

실제로 ☆☆커피전문점은 가서 보면, 커피를 마시면서 노트북을 펼쳐놓고 검색을 하거나 작업을 하는 친구들을 많이 보게된다. 이들은 누구의 간섭도 받지않고, 다른 사람의 시선도 아랑곳하지 않고, 몇 시간을 커피를 마시면서 노트북에서 작업을 하고 있다. 바로 이런 영업전략! 즉 주변의 커피전문점과 차별화된 전략이 ☆☆커피 전문점의 성공요인이다.

커피전문점! 예전으로 올라가면 다방에서 그 유래가 시작된다. 다방하면 시골의 버스정류장이나 기차역 인근에 있는 역전다방을 생각하게 된다. 이런 다방은 통상적으로 1층에 위치하지 않고, 지하층이나 2층에 소재하여 승객이나 동네 건달들 또는 동네 어르신들이 주로 이용했던 곳이다.

이런 다방에서 좀 더 발전된 것이 커피숍 또는 레스토랑이다. 커피숍은 주로 2층에 위치하여 만남의 장소를 제공하거나 시간이 남았을 때에 시간을 때우기 위한 장소로 애용되었던 곳이다. 반면 레스토랑은 지하층이나 2층 또는 3층에 위치하여 양식을 즐기고 친구들간에 모임을 가졌던 곳이다.

커피전문점은 이러한 커피숍이나 레스토랑이 시대적 상황에 맞추어서 발전된 전문매장이다. 즉 다양한 커피맛을 즐기면서 만남의 장소 또는 여유로운 시간을 보내기 위한 장소로 발전된 곳이 커피 전문점이다.

오늘날 커피전문점은 예전처럼 지하층이나 2층이 아닌, 건물 1층에 입점하는 것이 추세이다. 그것도 전철 역세권이나 상권이 좋은 곳에 입점하여 다양한 메뉴로 고객을 유인하고 있다.

대표적인 커피전문점으로는 스타벅스, 이디야 커피, 커피빈, 할리스 커피, 카페베네, 탐앤탐스, 엔제리너스 등이 있다. 이들 커피 전문점의 놀랄만한 발전에는 우리나라 사람들이 커피를 즐기고 좋아하는 것도 큰 몫을 차지하고 있다.

농림축산식품부와 한국농수산식품유통공사에서 2015년 1월에 발간한 가공식품 세분시장 현황조사에 의하면, 우리나라 사람들은 아메리카노 10g을 기준으로 하면 1인당 338잔 정도를 마신다고 한다. 그러니까 하루에 커피를 거의 한잔 정도 마신다고 하니, 평균적으로 보면 전국민이 커피를 마신다고 보아도 좋을 것이다.

오늘날 커피전문점은 다양한 종류의 커피 이외에도 각종 음료나 디저트, 베이커리 등의 사이드 메뉴도 본격적으로 출시하고 있다. 예컨대 커피전문점인 카페베네는 베이글에 크림치즈터블휩을 더한 디저트 메뉴 '베네글'을 내세워 소비자 공략에 나서고 있다.

또한 커피전문점 이디야는 베이커리팀을 신설해 전국 매장에서 판매할 베이커리 메뉴를 연구·개발하고 있다. 여기에는 기존에 판매하던 빵의 품질과 맛을 보다 강화하여 커피 뿐만 아니라 베이커리 메뉴도 키워나가겠다는 방침이다.

성북구에 있는 ☆☆커피전문점도 다양한 메뉴와 더불어 주변의 경쟁점포인 커피전문점과 차별화로 성공한 케이스이다. 먼저, 매장의 규모면에서 다른 점포에 비하여 몇 배 크기의 넓은 공간으로 규모의 경제효과를 톡톡히 누리고 있다. 이와함께 편안한 테이블, 스마트폰의 건전지 충전장치, 쾌적하고 넓은 공간을 활용하여 노트북을 즐길 수 있도록 전원 콘센트 연결장치 등을 완비하여 젊은 세대의 기호에 맞게 매장을 꾸몄다. 이러한 여러 측면이 바로 경쟁점포와 차별화로 성공한 요인이다.

장사로 신이 되고, 사업에 성공하여 부자가 되고자 하는가? 그렇다면 다른 사람이나 점포와 똑같은 전략으로 사업할 생각을 떨쳐

버려라. 다른 사람과는 색다르고 차별화된 전략으로 매장을 꾸미고 메뉴를 개발하며 고객관리에 힘써라. 차별화하지 아니하면 결국에는 다른 사람이나 점포를 뒤쫓아갈 뿐이고 앞서가지는 못한다. 이제는 차별화로 성공가도를 달려가자.

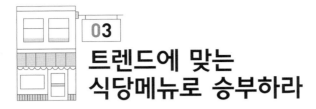

03
트렌드에 맞는
식당메뉴로 승부하라

트렌드(trend)는 유행이며, 소비자들이 물건을 사도록 이끄는 원동력이다. 건강식품이나 음식문화도 트렌드를 따라가는 것은 당연하다. 예전에는 칼로리가 높거나 보기에 좋고 영양가가 높은 음식을 찾는 것이 일반적이었다.

오늘날은 다이어트 식품이나 유기농법으로 재배한 식품을 선호하고 즐겨 찾는다. 유기농법은 화학비료나 농약을 전혀 쓰지않거나 또는 거의 사용하지 않고 야채나 과일을 재배하는 방법이다. 농사를 지을 때에 화학비료나 농약을 사용하면 출하되는 야채나 과일이 보기에도 좋고 먹음직하지만 인체에 해롭다는 인식이 퍼져있기 때문이다.

여기 건강식품으로 매력을 발산하는 시래기 전문식당을 소개하고자 한다.

원래 시래기는 배추나 무를 사용하여 김치를 담글 때에, 부스러기로 남겨진 배추잎이나 무잎을 새끼로 꼬아서 그늘에 말린 것이다. 예전에 살림이 넉넉하지 않을 때에 시래기로 국을 끓여서 먹던 기억을 가지고 있는 세대에게는 시래기는 생활이 넉넉하지 않는 사람이 먹던 음식으로 기억된다.

그런데 이제는 시래기가 자연식품으로 또는 힐링음식으로 각광을 받고 대접을 받는 시대가 된 것이다. 참으로 세상 요지경이며 음지가 양지가 되는 시대라는 생각이 든다. 어쨌든 시래기가 이렇게 대접받는 세상이니 돌고도는 세상이라는 말이 실감난다.

서초구에 있는 ★★시래기 전문식당

여기 소개하는 식당은 서울시 서초구에 있는 시래기 전문식당이다. 간판에서부터 '시래기 한식 전문점'이라고 소개되어 사람들의 눈길을 사로잡는다.

일전에 시래기 전문식당이라고 소개받고는 호기심에 이끌려 점심 식사를 하려고 이 식당을 찾아갔다. 반갑게 맞이하는 종업원의 안내에 따라 테이블에 앉았다. 곧 이어 종업원이 메뉴판을 가져다 주는

데, 특징은 모든 메뉴에 시래기가 들어간 식단으로 꾸며진 것이다.

★★시래기 전문식당 점심메뉴

메뉴에는 Lunch Menu와 Dinner Menu가 있었다. 점심메뉴와 저녁메뉴의 차이는 반찬이 몇 가지 더 들어가고 가격에서 약간의 차이가 난다. 하지만 큰 틀에서는 차이가 별로 없다고 생각해도 된다.

★★시래기 전문식당 저녁메뉴

종업원이 가져다 준 메뉴판을 보면서 속으로 놀라움을 금치 못했다.

으와! 시래기로 이렇게 많은 식단을 꾸밀 수 있다니! 예전에는 시래기 하면 시래기국이 가장 일반적이었으며, 가끔씩 시래기 무침이 나오곤 하였는데...

시래기로 간장게장 요리도 하고 불고기와 샤브전골, 낙지볶음까지 만들다니! 다양하게 메뉴를 개발한 식당주인이나 주방장의 개발정신에 감탄이 절로 나온다.

간단히 점심식사를 하기로 하였으니 우리는 '시래기 나물밥'을 시켜서 먹었다. 시래기 나물밥은 밥에 시래기를 넣어서 정갈하게 밥이 나온다. 더불어 미역국과 반찬이 나오며.....

시래기 나물밥의 맛은 그 구수하고 깊음이 마치 시골에서 어머님이 정성들여 내어놓는 옛날 밥맛과 같아서 우리의 입맛을 돋우어준다. 반찬도 맛있는데... 특히 오이소배기는 그 깊은 맛이 삼년묵힌 과일과 같이 입안에 향기가 난다.

맛깔스런 점심식사를 하고 나오면서 식당간판이나 음식메뉴도 시대에 맞고 트렌드에 맞아야 성공할 수 있다는 생각이 든다. 그렇다. 성공을 하려면 시대에 맞추어야 하고 나아가서 트렌드를 선도해야 한다.

오늘날의 추세가 건강과 다이어트, 힐링과 유기농이 아닌가?

남녀노소 불문하고 건강식품을 찾고 몸만들기에 열을 올리고 있는 현실을 반영하여 이에 맞는 영업전략을 구사해야 사업에도 성공할 수 있다.

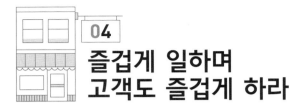

04
즐겁게 일하며
고객도 즐겁게 하라

"피할 수 없다면 즐겨라"

베스트셀러 《성공하는 사람들의 7가지 습관》의 저자 스티븐 코비는 그의 저서에서 "자신의 삶을 주도하라"라고 말하였다. 여기서 말하는 주도적인 삶이란 어떤 삶이며 그 의미는 무엇인가?

주도적인 삶이란 적극적이며 능동적이고 스스로의 삶에 대해 책임지는 것을 말한다. 따라서 자신의 행동은 자신의 의사결정에 의한 것이지 결코 주변여건에 의해 좌우되는 것은 아니다.

우리가 어떤 일이나 난관을 만났을 때 이를 해결하고 극복하는 방법에는 사람마다 차이가 있다. 어떤 사람은 마지못해 그 일을 하거나 난관을 피해가려고 한다. 하지만 어떤 사람은 적극적으로 그 일을 맞이하며 난관을 극복하려고 한다.

우리에게 닥치는 난관은 때로는 피할 수 없는 운명처럼 다가오는 경우가 있다. 이럴 때 우리는 그 난관을 애써 외면하거나 시간이 지나면 해결되겠지 라는 피동적인 생각을 해서는 안된다.

어차피 내가 피할 수 없는 일이고 극복해야 할 난관이라면 즐기면서 그 일을 적극적으로 대처하고 헤쳐나가야 한다. 이것이 바로 "피할 수 없다면 즐겨라"는 말의 의미이고 주도적인 삶을 사는 길이 된다.

산돌이는 두메산골 오지에서 태어나서 어렵사리 고등학교를 졸업하였다. 친구들은 대학교를 간다고 들떠 있을 때도 산돌이는 묵묵히 집안 농사일을 거들면서 가끔은 장래의 희망에 대해 생각하였다.

그는 고등학교를 졸업하였지만 집안 형편이 어려워 대학진학을 생각할 수 없었다. 그가 할 수 있는 일은 집안에서 부모님을 도와서 농사일을 하는 것이었다. 이렇게 농사일로 1년을 지나면서 산돌이는 더 이상 시골에서 농사일만 할 수는 없다는 생각에 무작정 서울로 상경하였다.

서울에서의 생활은 고난의 연속이었지만 산돌이는 희망을 잃지않고 열심히 일하였다. 처음에는 중국집 식당에서 종업원으로 취직하여 식당에서 먹고 자면서 배달을 하는 것이 일과였다. 근면하고 성실하게 일을 하자 주인이 신임하면서 점차 주방일도 맡기게 되었다.

먹고 자는 것 이외에는 별로 돈이 들어가지 않는 생활인지라 산돌이는 월급으로 받는 돈을 거의 저축할 수 있었다. 이렇게 몇 년을 저축하자 산돌이의 통장에는 제법 많은 돈이 축적되었다.

이제 서울에서의 생활이 익숙해지자 산돌이는 가끔씩은 고향 친구들도 만나고 이런저런 세상 돌아가는 것을 알게 되었다. 시골에서 올라온 친구들 중에 잘나가는 친구는 대학을 졸업하고 대기업에 취직하여 제법 성공한 친구도 있었다.

산돌이는 그들과 대화를 하다가 '나도 공부를 더 해야겠다.'라는 생각이 들었다. 그러다가 야간대학에 진학하면 낮에는 일을 하며 밤에 공부를 할 수 있다는 것을 알게 되었다. 드디어 산돌이는 야간 대학에 진학하여 주경야독하며 힘겹게 학업을 이어갔다.

졸업식날! 고향 친구들은 물론 중국집 사장도 기꺼이 산돌이의 대학졸업을 축하해 주러 왔다. 이제 산돌이는 꿈에도 그리던 대학을 졸업하자 보다 나은 삶을 살기위해 장래에 무슨 일을 하는 것이 잘사는 길인지를 고민하게 되었다.

그러다가 시골에서 고등학교 다닐 때에, 친구들과 빵집에서 맛있게 먹었던 빵을 떠올리며 제과점을 해보면 어떨까? 라는 생각이 들었다. 몇 달을 고민하며 생각하고 또 생각하여도 제과점을 경영해야겠다는 생각이 점차 확고부동하게 다가왔다.

마침내 산돌이는 제과점을 경영하며 맛있는 빵을 만들어 세상에 기여하는 것으로 인생의 목표를 삼았다. 그는 이러한 결심을 하자 바로 제과제빵학원에 등록하고 본격적으로 제빵기술을 배웠다.

제과학원에서 빵에 대한 이론을 공부하며 빵을 만드는 기술을 배우는 것은 정말 재미있고 보람된 일이었다. 그는 열심히 공부하고 배워서 얼마 후에는 기능사 시험에서 제빵기능사는 물론 제과기능사 자격증까지 취득하였다.

그 후, 그는 대형 제과점에 취직하여 학원에서 배운 이론과 기술을 맘껏 실무에 적용하며 빵을 만드는 기술을 익혔다. 산돌이는 빵을 만드는 것이 즐겁고 그 아삭하고 달콤한 맛이 너무 좋아 이제는 빵 전도사가 되었다. 자기가 만든 빵을 손님들이 사서 맛있게 먹는 모습은 정말 빵을 사랑하는 사람만이 느끼는 행복이었다.

수년 후, 산돌이는 힘들게 모았던 돈을 모두 투자하여 제과점을 개업하기로 결심하였다. 빵을 만들고 많은 사람이 자신이 만든 빵을 맛있게 먹는 모습을 지켜보는 것! 이것이야말로 인생의 대반전이며 미래의 꿈이요 삶의 희망이었다.

산돌이가 제과점을 개업한 날! 많은 사람들이 개업을 축하하며 앞으로의 건승과 발전을 기원해 주었다. 이제 산돌이는 어엿한 사업주로서 빵을 만들어서 팔고 고객들에게 서비스를 제공하며 사업이 본궤도에 오르도록 해야 한다.

맛있는 빵으로 소문난 ☆☆제과점 전경도

사업주가 된 산돌이는 누구보다도 먼저 제과점에 나와서 깨끗하게 실내와 주변을 청소하는 것으로 하루 일과를 시작했다. 이어서 직원들이 출근하면 빵을 만들고 진열하며 손님맞을 준비를 한다.

산돌이는 제과점을 하면서 빵을 사간 고객들이 빵만을 사는 것이 아니라 제과점의 분위기와 친절, 서비스 등에 의해서도 다시 제과점을 찾는다는 것을 알게 되었다. 이제 산돌이는 손님의 표정이나 태도, 말씨 등을 보고서도 고객이 원하는 것이 무엇인지를 알게 되었다.

무엇보다 빵을 만들고 관리하고 파는 것이 산돌이에게는 기쁨이요 행복이었다. 아울러 즐거운 마음으로 일을 하니 그 즐거운 마음이 손님에게도 전염되어 손님들도 더불어 즐거워하고 기뻐하는 것을 알게 되었다.

설령, 때로는 거칠고 시비를 거는 손님도 있었지만 산돌이는 개의치않고 상냥하게 대하였다. 이른바 그 손님을 피할 수 없다면 즐거운 마음으로 대하기로 한 것이다. 이것이 바로 "피할 수 없다면 즐겨라"는 말의 의미임을 깨달은 것이다.

산돌이의 제과점은 사람들로 넘쳐나며 동네에서 가장 유명한 가게로 알려지게 되었다. 빵을 팔다보면 하루하루가 어떻게 지났는지 모르게 바쁘게 지나가며 이윽고 연말이 다가온다.

연말이면 산돌이는 시간을 내어 정성껏 포장한 빵을 가지고 고아원과 양로원을 찾아가서 어려운 사람들에게 맛있는 빵을 대접한다. 이제 산돌이는 빵만을 파는 것이 아니라 많은 사람들에게 즐거움과 행복을 나누어주는 참된 행복의 전도자가 된 것이다.

장사의 신이 되고자 하면 자신이 하는 일을 즐기면서 정열을 쏟아야 한다. 일하다 보면 때로는 힘들 때도 있고 고객이 시비를 걸 때로 있으리라. 하지만 이를 피할 수 없다면 적극적으로 즐기면서 극복해야 한다. 그것이 바로 사업에 성공하는 지름길이다.

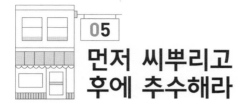

05 먼저 씨뿌리고 후에 추수해라

우리나라 라면이 해외에서 인기몰이를 하고 있다. 2016년 8월 농림축산식품부에 따르면 금년도 상반기에 라면 수출액은 1억 2,300만달러(약 1,376억원)로 2015년 상반기보다 18.3% 가량 늘었다. 물량으로 계산하면 3만3,300t으로 2015년보다 29.5%가 늘어난 것이다.

국가별로 보면 중국이 라면 수출에서 가장 큰 비중을 차지하고 있으며, 다음으로 미국과 일본, 대만 등이 뒤를 잇고 있다. 전반적으로 한류 열풍이 부는 지역에서 국산 라면의 수출 증가세가 두드러진다.

우리나라에 라면을 최초로 도입한 사람은 삼양식품의 창업주인 고 전중윤 회장이다. 그는 일본 출장중에 라면을 눈여겨보게 되었고, 1인당 국민소득이 100달러에도 미치지 못했던 가난했던 시절에 참담한 국민들의 식생활을 해결하고자 라면 제조기술을 도입하였다.

하지만 라면이 출시된 초기에 사람들은 처음 본 라면을 옷감의 일종으로 생각하거나 딱딱한 면발을 플라스틱으로 생각하며 사지를 않았다. 이를 극복하기 위해 전중윤 회장은 1년간 곳곳에서 무료시식을 열면서 라면을 알리기에 매진하였다. 그러자 이듬해부터 라면은 날개 돋친듯 팔려 나갔으며, 1960년 후반부터 서민 음식의 대명사가 되면서 '보릿고개'를 넘는 일등공신이 되었다.

라면이 사람들에게 인기를 얻고 팔려나가는 과정을 되짚어 보면, 출시 초기에는 사람들이 라면을 식품으로 알지 못하여 팔리지 않았다는 것이다. 하지만 이를 극복하기 위해 무려 1년 동안이나 무료시식을 열면서 라면이 간편하게 먹을 수 있는 식품이라는 것을 알렸다는 것이다.

우리는 라면 이야기에서 참으로 소중한 진리를 깨우칠 수 있다. 바로 봄에 씨를 뿌려야 가을에 추수를 할 수 있음과 같이, 물건을 팔 때는 먼저 투자를 하고 알리는 과정을 거쳐야 고객이 그 물건을 산다는 것이다.

사람들은 성공한 회사나 성공한 사람들을 보면서 그 결과나 성공에만 관심을 표시하고 찬사를 보내곤 한다. 하지만 그 이면에는 수없이 많은 땀을 흘리고 실패를 거듭하며 인고의 나날을 보낸 것을 알아야 한다.

가을 들녘에 황금물결을 일렁이며 익어가는 벼가 있기까지는 농부의 피땀흘린 노력이 있었음을 간과해서는 아니된다. 농부는 이른 봄에 씨를 뿌리고 모내기를 하며 벼가 자라면서 잡초를 뽑아주어야 한다. 뜨거운 햇볕 아래서도 행여 물이 마를세라 노심초사하며 물을 대고 벼를 가꾸어야 한다. 이런 노력과 과정이 있어야 알곡이 가득찬 벼를 추수할 수 있는 것이다.

장사의 신이 되는 비결도 이와같은 씨를 뿌리고 난 후에 싹이 나면 열매가 맺히기까지 노력하고 정진하는 과정이 있어야 한다. 자수성가한 사람치고 하루 아침에 어느날 갑자기 부자가 된 사람은 없다. 부자가 되기까지는 수없이 많은 땀을 흘리고 때로는 실패를 경험하며 노력을 해야한다.

송사장은 야채장사로 수십억원대의 재산을 모은 알부자이다. 그는 대학을 졸업하고 직장생활을 하다가 날마다 반복되는 업무에 자신이 매너리즘에 빠져서 헤어나지 못하는 것을 깨달았다. 다시 한번 젊은 시절의 활력과 도전정신을 찾고자 새로운 길을 찾다가 30대 초반에 직장생활을 그만두고 사업에 뛰어 들었다.

송사장이 처음에 시작한 사업은 판촉물을 주문받고 납품하는 판촉물 사업이었다. 회사의 기념일이나 근로자의 날, 추석이나 설날과 같은 명절에 회사에서는 직원들에게 기념품을 선물한다. 또한 개업식이나 결혼식과 같은 행사에도 고객들에게 기념품을 나누어 주는데 이런 기념품을 주문받고 납품하는 것이 그의 주된 타깃이었다.

처음에는 의욕적으로 직원을 뽑고 카다록을 제작하며 제조공장에는 OEM 방식으로 주문하며 활발하게 사업을 확장해 나갔다. 하지만 1년이 지나고 2년이 지나면서 기념품을 납품받는 회사 담당자의 납품단가 인하요구와 이에 따른 판촉물 시장의 덤핑납품이 일상화된 사실을 알게 되면서 사업에 대한 회의가 몰려왔다.

결국 송사장은 판촉물 사업을 시작한지 3년되던 해에 사업을 그만두게 되었다. 그 후 그가 해본 일은 보험대리점을 비롯하여 외판원, 선물가게 등으로 참으로 다양했다. 그러다가 이렇게 세월을 보내다가는 안되겠다는 생각에 잠시 짬을 내어 고향으로 내려가서 새로운 사업을 구상하였다.

마침 고향에서는 가을을 맞이하여 사과를 출하하는 시기였다. 사과나무에 주렁주렁 매어달린 사과를 한 알 두 알 정성스럽게 따서 상자에 담는 모습을 바라보던 송사장은 '아하! 그렇구나! 야채장사를 한 번 해보는 거야!' 라고 결심하였다.

이후 송사장은 가락동 농수산물 도매시장에서 어렵사리 청과시장의 흐름과 속성을 배우게 되었다. 배추나 무와 같은 야채는 파종기에 미리 밭대기로 주문하였다가 추수기에 가격이 좋을 때에 출하하여 판매한다.

파종기부터 야채가 자라나는 여름철에 장마가 없으며 추수기까지 날씨가 좋으면 출하되는 배추나 무는 좋은 품질을 유지하여 몇 배의 수익을 남길 수 있다. 하지만 여름철에 장마가 길어지거나 추수기에 날씨가 청명하지 못하면 출하되는 배추나 무도 품질이 나빠지며 결국에는 투자금의 몇 배를 날리기도 한다.

사과나 배와 같은 청과도 밭대기로 사서 판매할 때가 있는데, 날씨가 좋으면 투자금의 몇 배의 수익을 남길 수 있지만 날씨가 궂으면 원금은 고사하고 고스란히 손해를 감수해야 하기도 한다.

송사장은 야채장사를 하면서 신선하고 맛있는 야채를 소비자들에게 보다 값싸게 공급하고자 노력했다. 이런 노력과 성실함이 은연중에 고객에게 알려지면서 송사장의 야채가게는 사람들로 붐비게 되었다.

손님들로 붐비는 ☆☆청과 전경도】

이제 송사장은 야채장사에서 익힌 노하우로 몇 개의 야채가게를 더 오픈하였다. 송사장의 야채가게는 야채와 청과를 함께 팔면서 일 정금액 이상의 물건을 산 고객에게는 배달을 해준다. 송사장의 사업에 대한 신념은 좋은 제품을 값싸게 공급하며 고객이 원하면 어디든지 배달함으로 고객에 대한 서비스를 최대한 제공하는 것이다.

이제 송사장은 야채면 야채, 과일이면 과일, 그 모양과 빛깔만 보아도 신선도와 맛을 알 수 있게 되었다. 야채장사를 시작한지 수십 년! 이제 송사장은 야채장사에서 벌어들인 돈으로 무언가 이웃에게 좋은 일을 해야겠다는 마음으로 선한 사마리아인처럼 돌봄이 필요한 곳을 찾아 나선다.

장사의 신은 하루 아침에 되는 것이 아니다. 송사장처럼 사업을 시작하면서 쓰라린 실패를 겪을 때도 있다. 새로운 사업을 하기 위해서는 기존의 사업장에 들어가서 물건을 나르고 포장을 하며 열심히 일을 배우기도 해야 한다.

이런 배움의 과정이 있어야 나중에 사장이 되고 오너가 되었을 때 직원들을 가르치고 거느릴 수 있다. 사업을 시작하여도 바로 고객들이 붐비고 장사가 잘되며 돈을 버는 것은 아니다. 날마다 물건에 대해 연구하며 더 좋은 상품을 더 좋은 가격으로 서비스하고 고객이 원하는 것을 제때에 공급해야 한다.

손님은 야채를 하나 사더라도 좀 더 신선한 상품을 값싸게 사기를 원한다. 송사장의 야채가게에서 보듯이 신선하고 좋은 제품을 다른 곳보다 값싸게 살 수 있는 곳이라는 것을 알면 단골고객이 된다. 이런 단골고객에게 날마다 최상의 서비스를 제공해야 시장에서 경쟁력있는 점포가 된다.

장사의 신이 되고 싶으면 기초부터 착실히 배워야 한다. 봄에 씨를 뿌려야 가을에 추수할 수 있듯이, 배움의 과정을 거치고 인내하고 성실해야 사업에도 성공하고 부자가 될 수 있다.

부록

1. 상가건물임대차보호법
2. 상가건물임대차보호법 시행령

1. 상가건물임대차보호법

[시행 2015. 11. 14.] [법률 제13284호, 2015. 5. 13., 일부개정]

제1조(목적) 이 법은 상가건물 임대차에 관하여 「민법」에 대한 특례를 규정하여 국민 경제생활의 안정을 보장함을 목적으로 한다.

제2조(적용범위) ① 이 법은 상가건물(제3조제1항에 따른 사업자등록의 대상이 되는 건물을 말한다)의 임대차(임대차 목적물의 주된 부분을 영업용으로 사용하는 경우를 포함한다)에 대하여 적용한다. 다만, 대통령령으로 정하는 보증금액을 초과하는 임대차에 대하여는 그러하지 아니하다.

② 제1항 단서에 따른 보증금액을 정할 때에는 해당 지역의 경제 여건 및 임대차 목적물의 규모 등을 고려하여 지역별로 구분하여 규정하되, 보증금 외에 차임이 있는 경우에는 그 차임액에 「은행법」에 따른 은행의 대출금리 등을 고려하여 대통령령으로 정하는 비율을 곱하여 환산한 금액을 포함하여야 한다. 〈개정 2010. 5. 17.〉

③ 제1항 단서에도 불구하고 제3조, 제10조제1항, 제2항, 제3항 본문, 제10조의2부터 제10조의8까지의 규정 및 제19조는 제1항 단서에 따른 보증금액을 초과하는 임대차에 대하여도 적용한다. 〈신설 2013. 8. 13., 2015. 5. 13.〉

제3조(대항력 등) ① 임대차는 그 등기가 없는 경우에도 임차인이 건물의 인도와 「부가가치세법」 제8조, 「소득세법」 제168조 또는 「법인세법」 제111조에

따른 사업자등록을 신청하면 그 다음 날부터 제3자에 대하여 효력이 생긴다. 〈개정 2013. 6. 7.〉

② 임차건물의 양수인(그 밖에 임대할 권리를 승계한 자를 포함한다)은 임대인의 지위를 승계한 것으로 본다.

③ 이 법에 따라 임대차의 목적이 된 건물이 매매 또는 경매의 목적물이 된 경우에는 「민법」 제575조제1항·제3항 및 제578조를 준용한다.

④ 제3항의 경우에는 「민법」 제536조를 준용한다.

제4조(확정일자 부여 및 임대차정보의 제공 등) ① 제5조제2항의 확정일자는 상가건물의 소재지 관할 세무서장이 부여한다.

② 관할 세무서장은 해당 상가건물의 소재지, 확정일자 부여일, 차임 및 보증금 등을 기재한 확정일자부를 작성하여야 한다. 이 경우 전산정보처리조직을 이용할 수 있다.

③ 상가건물의 임대차에 이해관계가 있는 자는 관할 세무서장에게 해당 상가건물의 확정일자 부여일, 차임 및 보증금 등 정보의 제공을 요청할 수 있다. 이 경우 요청을 받은 관할 세무서장은 정당한 사유 없이 이를 거부할 수 없다.

④ 임대차계약을 체결하려는 자는 임대인의 동의를 받아 관할 세무서장에게 제3항에 따른 정보제공을 요청할 수 있다.

⑤ 확정일자부에 기재하여야 할 사항, 상가건물의 임대차에 이해관계가 있는 자의 범위, 관할 세무서장에게 요청할 수 있는 정보의 범위 및 그 밖에 확

정일자 부여사무와 정보제공 등에 필요한 사항은 대통령령으로 정한다.
[전문개정 2015. 5. 13.]

제5조(보증금의 회수) ① 임차인이 임차건물에 대하여 보증금반환청구소송의 확정판결, 그 밖에 이에 준하는 집행권원에 의하여 경매를 신청하는 경우에는 「민사집행법」 제41조에도 불구하고 반대의무의 이행이나 이행의 제공을 집행개시의 요건으로 하지 아니한다.

② 제3조제1항의 대항요건을 갖추고 관할 세무서장으로부터 임대차계약서상의 확정일자를 받은 임차인은 「민사집행법」에 따른 경매 또는 「국세징수법」에 따른 공매 시 임차건물(임대인 소유의 대지를 포함한다)의 환가대금에서 후순위권리자나 그 밖의 채권자보다 우선하여 보증금을 변제받을 권리가 있다.

③ 임차인은 임차건물을 양수인에게 인도하지 아니하면 제2항에 따른 보증금을 받을 수 없다.

④ 제2항 또는 제7항에 따른 우선변제의 순위와 보증금에 대하여 이의가 있는 이해관계인은 경매법원 또는 체납처분청에 이의를 신청할 수 있다.
〈개정 2013. 8. 13.〉

⑤ 제4항에 따라 경매법원에 이의를 신청하는 경우에는 「민사집행법」 제152조부터 제161조까지의 규정을 준용한다.

⑥ 제4항에 따라 이의신청을 받은 체납처분청은 이해관계인이 이의신청일부터 7일 이내에 임차인 또는 제7항에 따라 우선변제권을 승계한 금융기관 등을 상대로 소(訴)를 제기한 것을 증명한 때에는 그 소송이 종결될 때까지 이의가 신청된 범위에서 임차인 또는 제7항에 따라 우선변제권을 승계한 금

융기관 등에 대한 보증금의 변제를 유보(留保)하고 남은 금액을 배분하여야
한다. 이 경우 유보된 보증금은 소송 결과에 따라 배분한다.
〈개정 2013. 8. 13.〉

⑦ 다음 각 호의 금융기관 등이 제2항, 제6조제5항 또는 제7조제1항에 따른
우선변제권을 취득한 임차인의 보증금반환채권을 계약으로 양수한 경우에
는 양수한 금액의 범위에서 우선변제권을 승계한다. 〈신설 2013. 8. 13.〉

1. 「은행법」에 따른 은행
2. 「중소기업은행법」에 따른 중소기업은행
3. 「한국산업은행법」에 따른 한국산업은행
4. 「농업협동조합법」에 따른 농협은행
5. 「수산업협동조합법」에 따른 수산업협동조합중앙회
6. 「우체국예금 · 보험에 관한 법률」에 따른 체신관서
7. 「보험업법」 제4조제1항제2호라목의 보증보험을 보험종목으로 허가받은 보험회사
8. 그 밖에 제1호부터 제7호까지에 준하는 것으로서 대통령령으로 정하는 기관

⑧ 제7항에 따라 우선변제권을 승계한 금융기관 등(이하 "금융기관등"이라 한
다)은 다음 각 호의 어느 하나에 해당하는 경우에는 우선변제권을 행사할 수
없다. 〈신설 2013. 8. 13.〉

1. 임차인이 제3조제1항의 대항요건을 상실한 경우
2. 제6조제5항에 따른 임차권등기가 말소된 경우
3. 「민법」 제621조에 따른 임대차등기가 말소된 경우

⑨ 금융기관등은 우선변제권을 행사하기 위하여 임차인을 대리하거나 대위
하여 임대차를 해지할 수 없다. 〈신설 2013. 8. 13.〉

제5조(보증금의 회수) ① 임차인이 임차건물에 대하여 보증금반환청구소송의 확정판결, 그 밖에 이에 준하는 집행권원에 의하여 경매를 신청하는 경우에는 「민사집행법」 제41조에도 불구하고 반대의무의 이행이나 이행의 제공을 집행개시의 요건으로 하지 아니한다.

② 제3조제1항의 대항요건을 갖추고 관할 세무서장으로부터 임대차계약서상의 확정일자를 받은 임차인은 「민사집행법」에 따른 경매 또는 「국세징수법」에 따른 공매 시 임차건물(임대인 소유의 대지를 포함한다)의 환가대금에서 후순위권리자나 그 밖의 채권자보다 우선하여 보증금을 변제받을 권리가 있다.

③ 임차인은 임차건물을 양수인에게 인도하지 아니하면 제2항에 따른 보증금을 받을 수 없다.

④ 제2항 또는 제7항에 따른 우선변제의 순위와 보증금에 대하여 이의가 있는 이해관계인은 경매법원 또는 체납처분청에 이의를 신청할 수 있다. 〈개정 2013. 8. 13.〉

⑤ 제4항에 따라 경매법원에 이의를 신청하는 경우에는 「민사집행법」 제152조부터 제161조까지의 규정을 준용한다.

⑥ 제4항에 따라 이의신청을 받은 체납처분청은 이해관계인이 이의신청일부터 7일 이내에 임차인 또는 제7항에 따라 우선변제권을 승계한 금융기관 등을 상대로 소(訴)를 제기한 것을 증명한 때에는 그 소송이 종결될 때까지 이의가 신청된 범위에서 임차인 또는 제7항에 따라 우선변제권을 승계한 금융기관 등에 대한 보증금의 변제를 유보(留保)하고 남은 금액을 배분하여야 한다. 이 경우 유보된 보증금은 소송 결과에 따라 배분한다. 〈개정 2013. 8. 13.〉

⑦ 다음 각 호의 금융기관 등이 제2항, 제6조제5항 또는 제7조제1항에 따른 우선변제권을 취득한 임차인의 보증금반환채권을 계약으로 양수한 경우에

는 양수한 금액의 범위에서 우선변제권을 승계한다. 〈신설 2013. 8. 13., 2016. 5. 29.〉

1. 「은행법」에 따른 은행

2. 「중소기업은행법」에 따른 중소기업은행

3. 「한국산업은행법」에 따른 한국산업은행

4. 「농업협동조합법」에 따른 농협은행

5. 「수산업협동조합법」에 따른 수협은행

6. 「우체국예금·보험에 관한 법률」에 따른 체신관서

7. 「보험업법」 제4조제1항제2호라목의 보증보험을 보험종목으로 허가받은 보험회사

8. 그 밖에 제1호부터 제7호까지에 준하는 것으로서 대통령령으로 정하는 기관

⑧ 제7항에 따라 우선변제권을 승계한 금융기관 등(이하 "금융기관등"이라 한다)은 다음 각 호의 어느 하나에 해당하는 경우에는 우선변제권을 행사할 수 없다. 〈신설 2013. 8. 13.〉

1. 임차인이 제3조제1항의 대항요건을 상실한 경우

2. 제6조제5항에 따른 임차권등기가 말소된 경우

3. 「민법」 제621조에 따른 임대차등기가 말소된 경우

⑨ 금융기관등은 우선변제권을 행사하기 위하여 임차인을 대리하거나 대위하여 임대차를 해지할 수 없다. 〈신설 2013. 8. 13.〉

제6조(임차권등기명령) ① 임대차가 종료된 후 보증금이 반환되지 아니한 경우 임차인은 임차건물의 소재지를 관할하는 지방법원, 지방법원지원 또는 시·군법원에 임차권등기명령을 신청할 수 있다. 〈개정 2013. 8. 13.〉

② 임차권등기명령을 신청할 때에는 다음 각 호의 사항을 기재하여야 하며, 신청 이유 및 임차권등기의 원인이 된 사실을 소명하여야 한다.

1. 신청 취지 및 이유
2. 임대차의 목적인 건물(임대차의 목적이 건물의 일부분인 경우에는 그 부분의 도면을 첨부한다)
3. 임차권등기의 원인이 된 사실(임차인이 제3조제1항에 따른 대항력을 취득하였거나 제5조제2항에 따른 우선변제권을 취득한 경우에는 그 사실)
4. 그 밖에 대법원규칙으로 정하는 사항

③ 임차권등기명령의 신청에 대한 재판, 임차권등기명령의 결정에 대한 임대인의 이의신청 및 그에 대한 재판, 임차권등기명령의 취소신청 및 그에 대한 재판 또는 임차권등기명령의 집행 등에 관하여는 「민사집행법」 제280조제1항, 제281조, 제283조, 제285조, 제286조, 제288조제1항·제2항 본문, 제289조, 제290조제2항 중 제288조제1항에 대한 부분, 제291조, 제293조를 준용한다. 이 경우 "가압류"는 "임차권등기"로, "채권자"는 "임차인"으로, "채무자"는 "임대인"으로 본다.

④ 임차권등기명령신청을 기각하는 결정에 대하여 임차인은 항고할 수 있다.

⑤ 임차권등기명령의 집행에 따른 임차권등기를 마치면 임차인은 제3조제1항에 따른 대항력과 제5조제2항에 따른 우선변제권을 취득한다. 다만, 임차인이 임차권등기 이전에 이미 대항력 또는 우선변제권을 취득한 경우에는 그 대항력 또는 우선변제권이 그대로 유지되며, 임차권등기 이후에는 제3조제1항의 대항요건을 상실하더라도 이미 취득한 대항력 또는 우선변제권을 상실하지 아니한다.

⑥ 임차권등기명령의 집행에 따른 임차권등기를 마친 건물(임대차의 목적이 건물의 일부분인 경우에는 그 부분으로 한정한다)을 그 이후에 임차한 임차인은 제14조에 따른 우선변제를 받을 권리가 없다.

⑦ 임차권등기의 촉탁, 등기관의 임차권등기 기입 등 임차권등기명령의 시행에 관하여 필요한 사항은 대법원규칙으로 정한다.

⑧ 임차인은 제1항에 따른 임차권등기명령의 신청 및 그에 따른 임차권등기와 관련하여 든 비용을 임대인에게 청구할 수 있다.

⑨ 금융기관등은 임차인을 대위하여 제1항의 임차권등기명령을 신청할 수 있다. 이 경우 제3항 · 제4항 및 제8항의 "임차인"은 "금융기관등"으로 본다. 〈신설 2013. 8. 13.〉

제7조(「민법」에 따른 임대차등기의 효력 등) ① 「민법」 제621조에 따른 건물임대차등기의 효력에 관하여는 제6조제5항 및 제6항을 준용한다.

② 임차인이 대항력 또는 우선변제권을 갖추고 「민법」 제621조제1항에 따라 임대인의 협력을 얻어 임대차등기를 신청하는 경우에는 신청서에 「부동산등기법」 제74조제1호부터 제5호까지의 사항 외에 다음 각 호의 사항을 기재하여야 하며, 이를 증명할 수 있는 서면(임대차의 목적이 건물의 일부분인 경우에는 그 부분의 도면을 포함한다)을 첨부하여야 한다. 〈개정 2011. 4. 12.〉

1. 사업자등록을 신청한 날
2. 임차건물을 점유한 날
3. 임대차계약서상의 확정일자를 받은 날

제8조(경매에 의한 임차권의 소멸) 임차권은 임차건물에 대하여 「민사집행법」에 따른 경매가 실시된 경우에는 그 임차건물이 매각되면 소멸한다. 다만, 보증금이 전액 변제되지 아니한 대항력이 있는 임차권은 그러하지 아니하다.

제9조(임대차기간 등) ① 기간을 정하지 아니하거나 기간을 1년 미만으로 정한 임대차는 그 기간을 1년으로 본다. 다만, 임차인은 1년 미만으로 정한 기간이 유효함을 주장할 수 있다.

② 임대차가 종료한 경우에도 임차인이 보증금을 돌려받을 때까지는 임대차 관계는 존속하는 것으로 본다.

제10조(계약갱신 요구 등) ① 임대인은 임차인이 임대차기간이 만료되기 6개월 전부터 1개월 전까지 사이에 계약갱신을 요구할 경우 정당한 사유 없이 거절하지 못한다. 다만, 다음 각 호의 어느 하나의 경우에는 그러하지 아니하다. 〈개정 2013. 8. 13.〉

1. 임차인이 3기의 차임액에 해당하는 금액에 이르도록 차임을 연체한 사실이 있는 경우
2. 임차인이 거짓이나 그 밖의 부정한 방법으로 임차한 경우
3. 서로 합의하여 임대인이 임차인에게 상당한 보상을 제공한 경우
4. 임차인이 임대인의 동의 없이 목적 건물의 전부 또는 일부를 전대(轉貸)한 경우
5. 임차인이 임차한 건물의 전부 또는 일부를 고의나 중대한 과실로 파손한 경우
6. 임차한 건물의 전부 또는 일부가 멸실되어 임대차의 목적을 달성하지 못할 경우
7. 임대인이 다음 각 목의 어느 하나에 해당하는 사유로 목적 건물의 전부 또는 대부분을 철거하거나 재건축하기 위하여 목적 건물의 점유를 회복할 필요가 있는 경우

   가. 임대차계약 체결 당시 공사시기 및 소요기간 등을 포함한 철거 또는 재건축 계획을 임차인에게 구체적으로 고지하고 그 계획에 따르는 경우

나. 건물이 노후 · 훼손 또는 일부 멸실되는 등 안전사고의 우려가 있는 경우

다. 다른 법령에 따라 철거 또는 재건축이 이루어지는 경우

8. 그 밖에 임차인이 임차인으로서의 의무를 현저히 위반하거나 임대차를 계속하기 어려운 중대한 사유가 있는 경우

② 임차인의 계약갱신요구권은 최초의 임대차기간을 포함한 전체 임대차기간이 5년을 초과하지 아니하는 범위에서만 행사할 수 있다.

③ 갱신되는 임대차는 전 임대차와 동일한 조건으로 다시 계약된 것으로 본다. 다만, 차임과 보증금은 제11조에 따른 범위에서 증감할 수 있다.

④ 임대인이 제1항의 기간 이내에 임차인에게 갱신 거절의 통지 또는 조건 변경의 통지를 하지 아니한 경우에는 그 기간이 만료된 때에 전 임대차와 동일한 조건으로 다시 임대차한 것으로 본다. 이 경우에 임대차의 존속기간은 1년으로 본다.

⑤ 제4항의 경우 임차인은 언제든지 임대인에게 계약해지의 통고를 할 수 있고, 임대인이 통고를 받은 날부터 3개월이 지나면 효력이 발생한다.

제10조의2(계약갱신의 특례) 제2조제1항 단서에 따른 보증금액을 초과하는 임대차의 계약갱신의 경우에는 당사자는 상가건물에 관한 조세, 공과금, 주변 상가건물의 차임 및 보증금, 그 밖의 부담이나 경제사정의 변동 등을 고려하여 차임과 보증금의 증감을 청구할 수 있다. [본조신설 2013. 8. 13.]

제10조의3(권리금의 정의 등) ① 권리금이란 임대차 목적물인 상가건물에서 영업을 하는 자 또는 영업을 하려는 자가 영업시설 · 비품, 거래처, 신용, 영

업상의 노하우, 상가건물의 위치에 따른 영업상의 이점 등 유형 · 무형의 재산적 가치의 양도 또는 이용대가로서 임대인, 임차인에게 보증금과 차임 이외에 지급하는 금전 등의 대가를 말한다.

② 권리금 계약이란 신규임차인이 되려는 자가 임차인에게 권리금을 지급하기로 하는 계약을 말한다.
[본조신설 2015. 5. 13.]

제10조의4(권리금 회수기회 보호 등) ① 임대인은 임대차기간이 끝나기 3개월 전부터 임대차 종료 시까지 다음 각 호의 어느 하나에 해당하는 행위를 함으로써 권리금 계약에 따라 임차인이 주선한 신규임차인이 되려는 자로부터 권리금을 지급받는 것을 방해하여서는 아니 된다. 다만, 제10조제1항 각 호의 어느 하나에 해당하는 사유가 있는 경우에는 그러하지 아니하다.

1. 임차인이 주선한 신규임차인이 되려는 자에게 권리금을 요구하거나 임차인이 주선한 신규임차인이 되려는 자로부터 권리금을 수수하는 행위
2. 임차인이 주선한 신규임차인이 되려는 자로 하여금 임차인에게 권리금을 지급하지 못하게 하는 행위
3. 임차인이 주선한 신규임차인이 되려는 자에게 상가건물에 관한 조세, 공과금, 주변 상가건물의 차임 및 보증금, 그 밖의 부담에 따른 금액에 비추어 현저히 고액의 차임과 보증금을 요구하는 행위
4. 그 밖에 정당한 사유 없이 임대인이 임차인이 주선한 신규임차인이 되려는 자와 임대차계약의 체결을 거절하는 행위

② 다음 각 호의 어느 하나에 해당하는 경우에는 제1항제4호의 정당한 사유가 있는 것으로 본다.

1. 임차인이 주선한 신규임차인이 되려는 자가 보증금 또는 차임을 지급할 자력이 없는 경우

2. 임차인이 주선한 신규임차인이 되려는 자가 임차인으로서의 의무를 위반할 우려가 있거나 그 밖에 임대차를 유지하기 어려운 상당한 사유가 있는 경우

3. 임대차 목적물인 상가건물을 1년 6개월 이상 영리목적으로 사용하지 아니한 경우

4. 임대인이 선택한 신규임차인이 임차인과 권리금 계약을 체결하고 그 권리금을 지급한 경우

③ 임대인이 제1항을 위반하여 임차인에게 손해를 발생하게 한 때에는 그 손해를 배상할 책임이 있다. 이 경우 그 손해배상액은 신규임차인이 임차인에게 지급하기로 한 권리금과 임대차 종료 당시의 권리금 중 낮은 금액을 넘지 못한다.

④ 제3항에 따라 임대인에게 손해배상을 청구할 권리는 임대차가 종료한 날부터 3년 이내에 행사하지 아니하면 시효의 완성으로 소멸한다.

⑤ 임차인은 임대인에게 임차인이 주선한 신규임차인이 되려는 자의 보증금 및 차임을 지급할 자력 또는 그 밖에 임차인으로서의 의무를 이행할 의사 및 능력에 관하여 자신이 알고 있는 정보를 제공하여야 한다.
[본조신설 2015. 5. 13.]

제10조의5(권리금 적용 제외) 제10조의4는 다음 각 호의 어느 하나에 해당하는 상가건물 임대차의 경우에는 적용하지 아니한다.

1. 임대차 목적물인 상가건물이 「유통산업발전법」 제2조에 따른 대규모점포 또는 준대규모점포의 일부인 경우

2. 임대차 목적물인 상가건물이 「국유재산법」에 따른 국유재산 또는 「공유재산 및 물

품 관리법」에 따른 공유재산인 경우 [본조신설 2015. 5. 13.]

제10조의6(표준권리금계약서의 작성 등) 국토교통부장관은 임차인과 신규임차인이 되려는 자가 권리금 계약을 체결하기 위한 표준권리금계약서를 정하여 그 사용을 권장할 수 있다.
[본조신설 2015. 5. 13.]

제10조의7(권리금 평가기준의 고시) 국토교통부장관은 권리금에 대한 감정평가의 절차와 방법 등에 관한 기준을 고시할 수 있다.
[본조신설 2015. 5. 13.]

제10조의8(차임연체와 해지) 임차인의 차임연체액이 3기의 차임액에 달하는 때에는 임대인은 계약을 해지할 수 있다
[본조신설 2015. 5. 13.]

제11조(차임 등의 증감청구권) ① 차임 또는 보증금이 임차건물에 관한 조세, 공과금, 그 밖의 부담의 증감이나 경제 사정의 변동으로 인하여 상당하지 아니하게 된 경우에는 당사자는 장래의 차임 또는 보증금에 대하여 증감을 청구할 수 있다. 그러나 증액의 경우에는 대통령령으로 정하는 기준에 따른 비율을 초과하지 못한다.

② 제1항에 따른 증액 청구는 임대차계약 또는 약정한 차임 등의 증액이 있은 후 1년 이내에는 하지 못한다.

제12조(월 차임 전환 시 산정률의 제한) 보증금의 전부 또는 일부를 월 단위의 차임으로 전환하는 경우에는 그 전환되는 금액에 다음 각 호 중 낮은 비율을 곱한 월 차임의 범위를 초과할 수 없다. 〈개정 2010. 5. 17., 2013. 8. 13.〉

1. 「은행법」에 따른 은행의 대출금리 및 해당 지역의 경제 여건 등을 고려하여 대통령령으로 정하는 비율

2. 한국은행에서 공시한 기준금리에 대통령령으로 정하는 배수를 곱한 비율

제13조(전대차관계에 대한 적용 등) ① 제10조, 제10조의2, 제10조의8, 제11조 및 제12조는 전대인(轉貸人)과 전차인(轉借人)의 전대차관계에 적용한다. 〈개정 2015. 5. 13.〉

② 임대인의 동의를 받고 전대차계약을 체결한 전차인은 임차인의 계약갱신요구권 행사기간 이내에 임차인을 대위(代位)하여 임대인에게 계약갱신요구권을 행사할 수 있다.

제14조(보증금 중 일정액의 보호) ① 임차인은 보증금 중 일정액을 다른 담보물권자보다 우선하여 변제받을 권리가 있다. 이 경우 임차인은 건물에 대한 경매신청의 등기 전에 제3조제1항의 요건을 갖추어야 한다.

② 제1항의 경우에 제5조제4항부터 제6항까지의 규정을 준용한다.

③ 제1항에 따라 우선변제를 받을 임차인 및 보증금 중 일정액의 범위와 기준은 임대건물가액(임대인 소유의 대지가액을 포함한다)의 2분의 1 범위에서 해당 지역의 경제 여건, 보증금 및 차임 등을 고려하여 대통령령으로 정한다. 〈개정 2013. 8. 13.〉

제15조(강행규정) 이 법의 규정에 위반된 약정으로서 임차인에게 불리한 것은 효력이 없다.

제16조(일시사용을 위한 임대차) 이 법은 일시사용을 위한 임대차임이 명백

한 경우에는 적용하지 아니한다.

제17조(미등기전세에의 준용) 목적건물을 등기하지 아니한 전세계약에 관하여 이 법을 준용한다. 이 경우 "전세금"은 "임대차의 보증금"으로 본다.

제18조(「소액사건심판법」의 준용) 임차인이 임대인에게 제기하는 보증금반환청구소송에 관하여는 「소액사건심판법」 제6조 · 제7조 · 제10조 및 제11조의2를 준용한다.

제19조(표준계약서의 작성 등) 법무부장관은 보증금, 차임액, 임대차기간, 수선비 분담 등의 내용이 기재된 상가건물임대차표준계약서를 정하여 그 사용을 권장할 수 있다. [본조신설 2015. 5. 13.]

부   칙 〈법률 제6542호, 2001. 12. 29.〉

① (시행일) 이 법은 2002년 11월 1일부터 시행한다. 〈개정 2002. 8. 26.〉

② (적용례) 이 법은 이 법 시행후 체결되거나 갱신된 임대차부터 적용한다. 다만, 제3조 · 제5조 및 제14조의 규정은 이 법 시행당시 존속중인 임대차에 대하여도 이를 적용하되, 이 법 시행 전에 물권을 취득한 제3자에 대하여는 그 효력이 없다.

③ (기존 임차인의 확정일자 신청에 대한 경과조치) 이 법 시행당시의 임차인으로서 제5조의 규정에 의한 보증금 우선변제의 보호를 받고자 하는 자는 이 법 시행전에 대통령령이 정하는 바에 따라 건물의 소재지 관할 세무서장에게 임대차계약서상의 확정일자를 신청할 수 있다.

부   칙 〈법률 제13284호, 2015. 5. 13.〉

제1조(시행일) 이 법은 공포한 날부터 시행한다. 다만, 제4조의 개정규정은 공포 후 6개월이 경과한 날부터 시행한다.

제2조(대항력에 관한 적용례) 제2조제3항의 개정규정 중 제3조 대항력에 관한 규정은 이 법 시행 후 최초로 계약이 체결되거나 갱신되는 임대차부터 적용한다.

제3조(권리금 회수기회 보호 등에 관한 적용례) 제10조의4의 개정규정은 이 법 시행 당시 존속 중인 임대차부터 적용한다.

2. 상가건물임대차보호법 시행령

[시행 2015. 11. 14.] [대통령령 제26637호, 2015. 11. 13., 일부개정]

제1조(목적) 이 영은 「상가건물 임대차보호법」에서 위임된 사항과 그 시행에 관하여 필요한 사항을 정하는 것을 목적으로 한다.

제2조(적용범위) ① 「상가건물 임대차보호법」(이하 "법"이라 한다) 제2조제1항 단서에서 "대통령령으로 정하는 보증금액"이라 함은 다음 각호의 구분에 의한 금액을 말한다. 〈개정 2008. 8. 21., 2010. 7. 21., 2013. 12. 30.〉

1. 서울특별시 : 4억원
2. 「수도권정비계획법」에 따른 과밀억제권역(서울특별시는 제외한다): 3억원
3. 광역시(「수도권정비계획법」에 따른 과밀억제권역에 포함된 지역과 군지역은 제외한다), 안산시, 용인시, 김포시 및 광주시 : 2억4천만원
4. 그 밖의 지역 : 1억8천만원

②법 제2조제2항의 규정에 의하여 보증금외에 차임이 있는 경우의 차임액은 월 단위의 차임액으로 한다.

③법 제2조제2항에서 "대통령령으로 정하는 비율"이라 함은 1분의 100을 말한다.

제3조(확정일자부 기재사항 등) ① 상가건물 임대차 계약증서 원본을 소지한

임차인은 법 제4조제1항에 따라 상가건물의 소재지 관할 세무서장에게 확정일자 부여를 신청할 수 있다. 다만, 「부가가치세법」 제8조제3항에 따라 사업자 단위 과세가 적용되는 사업자의 경우 해당 사업자의 본점 또는 주사무소 관할 세무서장에게 확정일자 부여를 신청할 수 있다.

② 확정일자는 제1항에 따라 확정일자 부여의 신청을 받은 세무서장(이하 "관할 세무서장"이라 한다)이 확정일자 번호, 확정일자 부여일 및 관할 세무서장을 상가건물 임대차 계약증서 원본에 표시하고 관인을 찍는 방법으로 부여한다.

③ 관할 세무서장은 임대차계약이 변경되거나 갱신된 경우 임차인의 신청에 따라 새로운 확정일자를 부여한다.

④ 관할 세무서장이 법 제4조제2항에 따라 작성하는 확정일자부에 기재하여야 할 사항은 다음 각 호와 같다.

1. 확정일자 번호
2. 확정일자 부여일
3. 임대인 · 임차인의 인적사항

　　가. 자연인인 경우 : 성명, 주민등록번호(외국인은 외국인등록번호)

　　나. 법인인 경우 : 법인명, 대표자 성명, 법인등록번호

　　다. 법인 아닌 단체인 경우 : 단체명, 대표자 성명, 사업자등록번호 · 고유번호

4. 임차인의 상호 및 법 제3조제1항에 따른 사업자등록 번호
5. 상가건물의 소재지, 임대차 목적물 및 면적
6. 임대차기간
7. 보증금 · 차임

⑤ 제1항부터 제4항까지에서 규정한 사항 외에 확정일자 부여 사무에 관하여 필요한 사항은 법무부령으로 정한다.

[전문개정 2015. 11. 13.]

제3조의2(이해관계인의 범위) 법 제4조제3항에 따라 정보의 제공을 요청할 수 있는 상가건물의 임대차에 이해관계가 있는 자(이하 "이해관계인"이라 한다)는 다음 각 호의 어느 하나에 해당하는 자로 한다.

1. 해당 상가건물 임대차계약의 임대인 · 임차인
2. 해당 상가건물의 소유자
3. 해당 상가건물 또는 그 대지의 등기부에 기록된 권리자 중 법무부령으로 정하는 자
4. 법 제5조제7항에 따라 우선변제권을 승계한 금융기관 등
5. 제1호부터 제4호까지에서 규정한 자에 준하는 지위 또는 권리를 가지는 자로서 임대차 정보의 제공에 관하여 법원의 판결을 받은 자

   [본조신설 2015. 11. 13.]

제3조의3(이해관계인 등이 요청할 수 있는 정보의 범위) ① 제3조의2제1호에 따른 임대차계약의 당사자는 관할 세무서장에게 다음 각 호의 사항이 기재된 서면의 열람 또는 교부를 요청할 수 있다.

1. 임대인 · 임차인의 인적사항(제3조제4항제3호에 따른 정보를 말한다. 다만, 주민등록번호 및 외국인등록번호의 경우에는 앞 6자리에 한정한다)
2. 상가건물의 소재지, 임대차 목적물 및 면적
3. 사업자등록 신청일
4. 보증금 · 차임 및 임대차기간
5. 확정일자 부여일
6. 임대차계약이 변경되거나 갱신된 경우에는 변경 · 갱신된 날짜, 새로운 확정일자

부여일, 변경된 보증금 · 차임 및 임대차기간

7. 그 밖에 법무부령으로 정하는 사항

② 임대차계약의 당사자가 아닌 이해관계인 또는 임대차계약을 체결하려는 자는 관할 세무서장에게 다음 각 호의 사항이 기재된 서면의 열람 또는 교부를 요청할 수 있다.

1. 상가건물의 소재지, 임대차 목적물 및 면적

2. 사업자등록 신청일

3. 보증금 및 차임, 임대차기간

4. 확정일자 부여일

5. 임대차계약이 변경되거나 갱신된 경우에는 변경 · 갱신된 날짜, 새로운 확정일자 부여일, 변경된 보증금 · 차임 및 임대차기간

6. 그 밖에 법무부령으로 정하는 사항

③ 제1항 및 제2항에서 규정한 사항 외에 임대차 정보의 제공 등에 필요한 사항은 법무부령으로 정한다. [본조신설 2015. 11. 13.]

제4조(차임 등 증액청구의 기준) 법 제11조제1항의 규정에 의한 차임 또는 보증금의 증액청구는 청구당시의 차임 또는 보증금의 100분의 9의 금액을 초과하지 못한다.

제5조(월차임 전환 시 산정률) ① 법 제12조제1호에서 "대통령령으로 정하는 비율"이란 연 1할2푼을 말한다.

② 법 제12조제2호에서 "대통령령으로 정하는 배수"란 4.5배를 말한다. [전문개정 2013. 12. 30.]

제6조(우선변제를 받을 임차인의 범위) 법 제14조의 규정에 의하여 우선변제를 받을 임차인은 보증금과 차임이 있는 경우 법 제2조제2항의 규정에 의하여 환산한 금액의 합계가 다음 각호의 구분에 의한 금액 이하인 임차인으로 한다. 〈개정 2008. 8. 21., 2010. 7. 21., 2013. 12. 30.〉

1. 서울특별시 : 6천500만원
2. 「수도권정비계획법」에 따른 과밀억제권역(서울특별시는 제외한다) : 5천500만원
3. 광역시(「수도권정비계획법」에 따른 과밀억제권역에 포함된 지역과 군지역은 제외한다), 안산시, 용인시, 김포시 및 광주시 : 3천8백만원
4. 그 밖의 지역 : 3천만원

제7조(우선변제를 받을 보증금의 범위 등) ① 법 제14조의 규정에 의하여 우선변제를 받을 보증금중 일정액의 범위는 다음 각호의 구분에 의한 금액 이하로 한다. 〈개정 2008. 8. 21., 2010. 7. 21., 2013. 12. 30.〉

1. 서울특별시 : 2천200만원
2. 「수도권정비계획법」에 따른 과밀억제권역(서울특별시는 제외한다) : 1천900만원
3. 광역시(「수도권정비계획법」에 따른 과밀억제권역에 포함된 지역과 군지역은 제외한다), 안산시, 용인시, 김포시 및 광주시 : 1천300만원
4. 그 밖의 지역 : 1천만원

② 임차인의 보증금중 일정액이 상가건물의 가액의 2분의 1을 초과하는 경우에는 상가건물의 가액의 2분의 1에 해당하는 금액에 한하여 우선변제권이 있다. 〈개정 2013. 12. 30.〉

③ 하나의 상가건물에 임차인이 2인 이상이고, 그 각 보증금중 일정액의 합산액이 상가건물의 가액의 2분의 1을 초과하는 경우에는 그 각 보증금중 일

정액의 합산액에 대한 각 임차인의 보증금중 일정액의 비율로 그 상가건물의 가액의 2분의 1에 해당하는 금액을 분할한 금액을 각 임차인의 보증금중 일정액으로 본다. 〈개정 2013. 12. 30.〉

제8조(고유식별정보의 처리) 관할 세무서장은 법 제4조에 따른 확정일자 부여에 관한 사무를 수행하기 위하여 불가피한 경우 「개인정보 보호법 시행령」 제19조제1호 및 제4호에 따른 주민등록번호 및 외국인등록번호가 포함된 자료를 처리할 수 있다. 〈개정 2013. 12. 30., 2015. 11. 13.〉

부   칙 〈대통령령 제17757호, 2002. 10. 14.〉

① (시행일) 이 영은 2002년 11월 1일부터 시행한다.
② (기존 임차인의 확정일자 신청에 대한 경과조치) 이 영 공포후 법 부칙 제3항의 규정에 의하여 임대차계약서상의 확정일자를 신청하고자 하는 자는 임대차계약서와 함께 사업자등록증을 제시하여야 한다.

부   칙 〈대통령령 제26637호, 2015. 11. 13.〉

이 영은 2015년 11월 14일부터 시행한다.

상가권리금 받는 법과 상권분석

초 판 1쇄 2016년 10월 24일

지은이 김종국
펴낸이 전호림 펴낸곳 매경출판(주) 기획 · 제작 봄봄스토리
등 록 2003년 4월 24일(No. 2-3759)
주 소 우)100-728 서울시 중구 충무로 2(필동1가) 매경별관 2층
전 화 02)2000-2636
이메일 bombomstory@daum.net

ISBN 979-11-5542-570-1(03320)
값 17,000 원